Für Elena und Ann-Catrin
Danke euch beiden für das fleißige Testlesen!

Orthografie und Interpunktion in diesem Buch folgen mit Absicht nicht den gültigen Regeln

Lies den QR-Code auf dem Umschlag mit dem QR-Code Reader deines Handys ein oder gehe über www.bettys-blog.de auf Bettys Webseite

© Verlag Friedrich Oetinger GmbH, Hamburg 2011
Alle Rechte vorbehalten
Einband, Illustrationen und Layout von Carolin Liepins
Der Abdruck des Gedichts „Antiweihnacht" erfolgt
mit freundlicher Genehmigung von Marc Brunder
Druck & Bindung: CPI - Claussen & Bosse, Leck
Printed 2011
ISBN 978-3-7891-4051-8

www.oetinger.de

Juma
Kliebenstein

BETTYS
ultimativer
BERATER-BLOG

Peinlich geht immer

Zeichnungen von
Carolin Liepins

Verlag Friedrich Oetinger · Hamburg

Dies ist der erste Band über Bettys ultimativen Berater-Blog. Fortsetzung folgt!

Mehr von Juma Kliebenstein bei Oetinger

Mila und der Meermann-Papa (ab 6)
Anton und Antonia machen immer Chaos (ab 8)
Emil, Schutzgeist für alle Fälle (ab 8)
Speed-Dating mit Papa (ab 10)
Der Tag, an dem ich cool wurde (ab 10)
Tausche Schwester gegen Zimmer (ab 10)

zum Teil auch als Hörbücher erschienen

Juma Kliebenstein, 1972 im Saarland geboren, dachte sich schon als Kind gerne Geschichten aus. Später studierte sie Germanistik und Anglistik und war als Lehrerin tätig, bevor sie sich als freie Autorin ganz auf das Schreiben konzentrierte. 2009 erschien ihr erstes Kinderbuch »Tausche Schwester gegen Zimmer«, das ihr sehr schnell Lob und erste Auszeichnungen einbrachte. Inzwischen hat sich Juma Kliebenstein als erfolgreiche Autorin etabliert, originell, humorvoll und ganz nah an der Lebenswirklichkeit ihrer Leser. Mehr über die Autorin unter www.juma-kliebenstein.de.

BETTYS ULTIMATIVER BERATER-BLOG

    HALLO BLOGWELT! SAMSTAG, 24.9., 19:56

Ich habs sooooo satt! Warum passieren solche saupeinlichen Sachen eigentlich immer nur mir?? Iwer hat mal gesagt dass es hilft, alles aufzuschreiben was man erlebt, weil man es dabei verarbeitet. Und zu verarbeiten hab ich ne ganze Menge! Iwie schein ich so nen Magnet auf dem Kopf zu haben der die schlimmsten Peinlichkeiten anzieht. Ja und weil einen in so einem Blog keiner kennt und es deshalb ganz egal ist wie peinlich eine Aktion war, kann ich das hier jetzt auch mal aufschreiben was heute Mittag passiert ist. Also ich war mit meiner BF Feli in der Stadt shoppen. Wir waren voll gut drauf und haben rumgealbert und auf einmal meint Feli: „Guck mal dahinten ist das Chris?" Chris ist mein Schwarm und mir ist total heiß geworden. Und ja, es war Chris! Er hat mit ein paar Freunden vor ner Eisdiele gesessen. Ja und dann dachte ich noch: Oh Gott wie seh ich heut eigentlich aus und die lästern bestimmt über alle und ich will da nicht vorbeigehen und sowas alles. Blöderweise bin ich dabei weitergelaufen und Feli sagte: „Wir gehen da jetzt vorbei und wenn er guckt lächelst du ihn an." Ich dachte das bring ich nie im Leben und wir gehen weiter, und direkt vor der Eisdiele knalle ich volle Kanne gegen nen Blumenkübel und verlier das Gleichgewicht u fliege kopfüber in den Kübel!!! Das hat wehgetan wie Sau, aber das blutende Schienbein ist nichts gegen die Schande der Peinlichkeit! Auch wenn ich nichts gesehen hab weil mein Gesicht in feuchter Erde und Geranien gesteckt hat, war mir absolut klar dass sich die ganzen Leute gerade wegschmeißen vor Lachen!! OMG und natürlich passiert mir sowas ausgerechnet wenn Chris in der Nähe ist! Ich dachte ich sterbe!

Ich hab echt überlegt ob ich mich einfach noch weiter eingraben soll und damit schon gleich praktischerweise mein eigenes Grab schaufele. *Betty, vor Schmach und Schande gestorben am 24. September, begraben am Ort ihres Todes im Blumenkübel auf der Fußgängerzone.* Tja leider musste ich iwie da wieder raus. Als ich mich endlich aufgerafft hab mich aus dem Blumenkübel zu schrauben, waren die meisten Leute schon weitergegangen. Nur ein paar idiotische kleine Jungs die vor nem CD-Laden gestanden haben, haben noch rübergeguckt u sich vor Lachen weggeschmissen. Nach Chris u seinen Freunden gucken, das hab ich nicht fertiggebracht. Feli war voll mitleidig und meinte so: „Boah du Arme wie übel ist DAS denn."

Sie hat mir geschworen, dass Chris nichts mitgekriegt hat aber ich bin mir nicht sicher, ob sie das vielleicht nur sagt damit ich nicht auf der Stelle abhaue und mein Leben auf ner einsamen Insel weiterführe. Jedfalls passieren solche Sachen IMMER mir. IMMER!

Das ist so unfair!! Tja und jetzt hab ich gestern zum Geburtstag endlich nen eigenen Laptop bekommen und nach dieser Schande heute beschlossen, einen Blog zu machen und da zu schreiben was in meinem Leben so passiert. Vielleicht liest das in 500 Jahren mal einer auf nem Supercomputer und die Menschheit bedauert mich und pilgert zu meinem Grab. Nja glaub ich zwar nicht, aber es sind ja nicht nur die Peinlichkeiten die echt nur mir passieren, sondern ich stell mir eigentlich dauernd so Fragen und versuche Antworten darauf zu finden. Kennt ihr das auch?

ZUM BEISPIEL SO WAS:

★ Wie kriegt man den Jungen, den man will?
★ Wie küsst man richtig?
★ Wie wird man eine berühmte Sängerin?
★ Wie kann man seine Eltern überzeugen, dass man länger wegbleiben darf?
★ Wie bekommt man einen größeren Busen?
★ Warum fahren Jungs immer auf andere Mädchen ab?
★ Wie feiere ich eine richtig coole Geburtstagsparty?
★ Warum machen sich manche Leute freiwillig im TV zum Deppen?
★ Warum glauben andere immer, besser über einen Bescheid zu wissen als man selbst?
★ Warum passieren die peinlichsten Sachen immer mir??
★ Und wie windet man sich aus so ner todpeinlichen Situation wieder raus?

Ja mein Blog soll also so eine Art Erfahrungsbericht und Tagebuch werden, in dem ich schreibe was in meinem Leben so passiert und welche Antworten ich auf all diese Fragen finde und deshalb schreibe ich auch jeden Tag meinen ganz persönlichen TIPP DES TAGES für euch! Freue mich über Kommentare!

ÜBER MICH:

NAME: Betty

ALTER: 14 (seit gestern :D)

GEBURTSDATUM: 23. September

STERNZEICHEN: Jungfrau

SO BIN ICH: chaotisch, meistens gut drauf, oft ziemlich verpeilt, tierlieb, kreativ, schokoladensüchtig

SO SEHE ICH AUS:

GRÖSSE: 1,63 m

GEWICHT: 52 kg

HAARFARBE: dunkelbraun

AUGENFARBE: blaugrau

Finde gerade kein gutes Foto, auf dem ich nicht
a) peinlich
b) bescheuert
c) nach Rote-Fotoaugen-Monster aussehe.

Wenn ich eins finde, stelle ich es noch ein (vielleicht :))

WAS ICH MAG:

meine ABF Caro

meine BF Feli

meine Familie (meistens)

meine Katze Puschel

Shoppen :)

Chillen

Zeichnen, bes. Comics u Porträts

Musik hören und Gitarre spielen

Hip-Hop Tanzen

was mit Freunden unternehmen

Sterne

Converse

Vanillemilchshake

WAS ICH NICHT MAG:

Regen u grauen Himmel

wenn mir mal wieder was voll Peinliches passiert ist

Haut auf Kakao

Zicken wie Tamara aus meiner Klasse

Physik

Langeweile

Schulstress

am Wochenende früh aufstehen

rücksichtslose Leute

Gewalt und Krieg

meine großen Zehen (die sind iwie schief)

Tage an denen ich mich hässlich fühle (zu oft)

Das Wichtigste auf der Welt sind für mich meine Freunde und meine Familie. Joa und alles andere erfahrt ihr wenn ihr meinen Blog lest :):) Ich hoffe er macht euch Spaß.

CARO: cool dass das mit dem laptop geklappt hat
BETTY: ja find ich auch. ich glaub das argument mit den schularbeiten hat meine eltern überzeugt und dass ich mich dann nicht mehr mit nora fetze
CARO: jaja die schule ist doch zu was gut ☺
BETTY: mom

BETTY: sorry bin wieder da muss aber gleich aufhören meine mum sagt die zeit ist rum für heute. Sie meint sie müsste mir vorschreiben wie lange ich am tag im netz bleiben darf
CARO: ja macht meine auch immer
BETTY: wem sagst du das aber bei ihr ist das natürlich immer was anderes weil sie ja lehrerin ist *blubber* nja ich bin dann gleich off sehn uns ja morgen in der schule
CARO: ok bis morgen! tschööö *knutscher*
BETTY: tschööö hdgdl

MEIN GEBURTSTAG   SONNTAG, 25.9., 19:45

Vorgestern war es so weit: Ich bin 14 geworden und hab ENDLICH meinen eigenen Laptop bekommen! Bis jetzt musste ich immer den von meiner Schwester Nora mitbenutzen und der steht natürlich in ihrem Zimmer. Da konnte ich nur ran wenn sie es gnädigerweise erlaubt hat. Und chatten war überhaupt nicht drin. Nja das ist ja jetzt alles anders :)

Bin gespannt wie das mit dem Blogschreiben so ist.

Tja wo war ich achso also: mein Geburtstag.

Natürlich ist an meinem Geburtstag alles schiefgegangen. NATÜRLICH! Miss Peinlich halt :/ Ich hatte mir den Wecker auf 6 Uhr gestellt wie immer für die Schule, und als er losging hat mich das Rappeln so genervt, dass ich das Ding noch im Halbschlaf an die Wand geknallt hab. Tja und was soll ich sagen: Hab leider nicht die Wand getroffen, sondern Nora … Die ist dummerweise in dem Moment mit meinen

Eltern in meinem Zimmer aufgetaucht um mir ein Ständchen zu singen und hat den Wecker voll an den Kopf gekriegt!! Das Erste, was ich an meinem Geburtstag zu hören gekriegt hab war also „Du blöde Kuh!" Bei anderen ist das vielleicht „Herzlichen Glückwunsch" oder sowas, aber bei Miss Chaos natürlich nicht!
Ja beim Frühstück war die Stimmung also eher frostig. Nora hatte ne kleine blaue Beule auf ihrer Stirn und war superangefressen deswegen. Nja in der Schule haben mir dann alle gratuliert. Meine Mädels waren voll süß und haben mir geschenkt: eine Duftkerze, ein paar silberne Sternohrringe und einen H&M-Gutschein. Danach haben mir die Jungs gratuliert. Es sind nur sieben, aber sie führen sich meist dermaßen albern auf dass man den Eindruck hat von einer ganzen Horde Kindergartenkinder umgeben zu sein. Keine Ahnung, warum Jungs in dem Alter noch so kindisch sind. Ist das bei euch in der Klasse auch so? Ich muss echt mal erforschen warum das so ist. Wenn ich was rausfinde schreib ichs nat gleich in den Blog :) Nja, jedenfalls: Marco unser Klassenclown hat mich total übertrieben auf die Backe geknutscht u voll die Faxen gemacht und mir ein in Karopapier gewickeltes Päckchen gegeben. Ich mach es auf und denk mir nichts dabei und dann fällt mir ne SPINNE entgegen!! Ich HASSE Spinnen!!!! Joa dann hab ich nat voll losgebrüllt u die Jungs fandens voll witzig. Tja dann wars nur so ne dämliche Plastikspinne, aber ich habs nicht schnell genug kapiert. Suuuuuperwitzig hahaha ich lach mich tot.
In der Pause ist dann Feli rübergekommen. Sie hat mir ein Schminkset mit Wimperntusche und Lidschatten geschenkt. Die Wimperntusche ist eine Volumentusche die hat Feli auch, macht richtig dichte Wimpern, u der Lidschatten ist blau. Passt eig gut zu meinen blaugrauen Augen aber ich finds n bisschen krass weiß nicht ob ich mich das trau. In die Schule eher nicht aber vllt mal wenn wir in die Stadt gehen oder so.

Nachmittags zu Hause wars eig ganz gut. Meine Schwester hatte sich von meiner Weckerattacke erholt :P und dann ist die Verwandtschaft angerückt um mir zu gratulieren.

HIER DIE GESCHENKE, DIE ICH BEKOMMEN HABE:

★ Von meinen Eltern und Pateneltern: Laptop und ein Paar voll schöne Converse
★ Von Oma Barbara: Einen Waschlappen und ein Handtuch mit Spitze und Monogramm (hat sie bestimmt selbst mal zum Geburtstag von ihrem Rheumakreis gekriegt) und 50 Euro
★ Oma Alice und Opa John wohnen in England die waren nat nicht da, aber sie haben ein Päckchen geschickt: Da war ne Uhr mit Sternen auf dem Ziffernblatt drin, eig ganz cool
★ Von meiner Schwester Nora: Eine CD von meiner Lieblingsband *Hot Summer*, 3 Paar Sternhaarspangen und ein Haarband aus Stoff mit einem Plastikstern dran

Tja die CD ist cool aber mit dem Haarzeugs hat sich Nora ja echt VOLL die Mühe gegeben, haha :/ Außerdem war der Lack auf den Spangen verkratzt und in dem Haargummi haben vier lange blonde Haare gehangen!! Voll eklig. Nora hat zu ihrer Verteidigung gesagt

sie hätte das Zeug bei ebay bestellt und könnte nichts dafür dass das Zeug nicht so angekommen ist wie bestellt. Das Haarband stinkt übrigens nach nassem Hund.
Danke Nora, du bist echt eine tolle Schwester!

TIPP DES TAGES:
Gebt eure Geburtstags-Wunschliste an ALLE Familienmitglieder aus. Dann bleibt ihr nicht auf WASCHLAPPEN sitzen.
Eure Betty

 DIE MAGISCHE 14   MONTAG, 26.9., 19:14

Bin heute nicht so gut drauf. Ich weiß nicht, was ich erwartet hab, aber iwie dachte ich dass sich mit 14 was ändert. Vielleicht iwas Besonderes, wie urplötzlich eine richtige Brust zu haben statt zwei Trauben oder über Nacht samtglatte Haut oder sowas. Ich bin zwar jetzt 14, ja, toll, aber iwie ist alles wie vorher. Find ich grad voll doof. Alles ist iwie so NORMAL. Ich wohne in einer normalen Stadt, nicht groß, nicht klein. Ich seh voll durchschnittlich aus und mache nur

durchschnittliche Sachen: Freunde treffen, Musik hören, Hip-Hop tanzen und sowas. Alles nichts Aufregendes.
Iwie hab ich das Gefühl, alle anderen haben ein aufregenderes Leben als ich.
Ja und dann bin ich ja auch noch in jd verknallt der nicht mal weiß, dass es mich gibt. Außer vielleicht er hat die Aktion mit dem Blumenkübel doch mitgekriegt aber das wär noch schlimmer. Jedfalls wisst ihr ja schon dass er Chris heißt. Er ist 17 und geht in die Elfte. Unsere Schule hat ein Atrium und seine Klasse ist genau gegenüber von unserer, nur seine im zweiten Stock u meine im ersten. Wenn kleine Pause ist hängen wir alle immer an den Geländern zum Innenhof rum und da ist er mir iwann aufgefallen. Nja ich weiß nicht ob ich eine Chance bei ihm habe weil ich drei Jahre jünger bin, aber andererseits habe ich iwo gelesen dass man sich nur oft genug sehen muss, damit man aufeinander aufmerksam wird. Beim Einkaufen funktioniert das jedfalls: Wenn ich Überraschungseier sehe, will ich immer sofort eins haben, auch wenn ich vorher gar nicht dran gedacht hab :D Stelle mir gerade vor, ein Ü-Ei für Chris zu sein *lol*
Aber dann denk ich wieder dass ich ihm sowieso nie auffallen werde weil ich viel zu langweilig und durchschnittlich bin. Erst recht, wenn ich neben Caro und Feli stehe. Wisst ihr was voll fies ist? Dass ich manchmal Caro u Feli beneide. Ich mein sie sind meine besten Freundinnen u ich finds auch toll dass sie total hübsch sind aber neben ihnen komm ich mir immer voll unscheinbar vor.
Caro hat lange blonde Haare und Wimpern wie ne Schlafpuppe und Feli hat schon einen richtigen Busen und sieht mit ihren dunklen Mandelaugen und den langen schwarzen Haaren total südländisch aus, obwohl ihre Mutter aus Rüdesheim kommt und ihr Vater aus Castrop-Rauxel. So wie das klingt müsste sie eigentlich aussehen wie ein hängeäugiger Nacktmops, aber weit gefehlt.

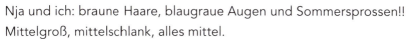

Nja und ich: braune Haare, blaugraue Augen und Sommersprossen!! Mittelgroß, mittelschlank, alles mittel.
Tja eben: mittelaufregend.
Wenn Caro New York ist und Feli Rio de Janeiro, dann bin ich Wanne-Eickel.
OK jetzt verrate ich euch was: Wenn wir in der kleinen Pause auf den Flur kommen und ich sehe dass Chris oben rumhängt, passe ich immer auf, dass Caro vor mir rausgeht. Das ist eine voll ausgefeilte Taktik. Sie ist dann nämlich automatisch als Erste am Geländer und lehnt sich mit dem Rücken dagegen u während wir uns unterhalten steh ich so dass Chris Caro immer nur von hinten sieht und mich von vorne. Das erhöht meine Chancen :D Außerdem fällt es so keinem auf dass ich ihn beobachte. Das ist auch wichtig wegen Caro. Sie weiß natürlich dass ich in Chris verknallt bin, aber es ist besser, wenn ich mit ihr nicht darüber rede. Caro ist nämlich wütend auf alle männlichen Geschöpfe seit ihr Vater seine Midlife-Krise hat. Beim letzten Mal, als ich von Chris erzählen wollte, hat sie voll blockiert u nur gesagt: „Chris ist genauso ein Idiot wie alle anderen Kerle. Sorry, Süße, aber das ist die traurige Wahrheit." Tja, mit Caro kann man im Moment echt nicht über Jungs reden.

TIPP DES TAGES:
Dafür sorgen, dass ihr im Blickfeld eures Schwarms bleibt und er euch nicht sofort mit anderen Mädchen vergleichen kann.
Eure Betty

 **VORSÄTZE** DIENSTAG, 27.9., 18:40

HIER MEINE TO-DO-LISTE FÜRS NEUE LEBENSJAHR

★ einen Freund haben

★ mehr Singen und Gitarre üben

★ mehr zeichnen damit ich bald mal nen Comic hinkriege

★ beim Hip-Hop in die erste Reihe kommen

★ mehr aus mir machen

★ mehr für die Schule machen

Das Wichtigste auf der Liste ist das Erste. Fast ALLE außer mir haben einen Freund. Nja ok Caro hat auch keinen, aber die hat zurzeit sowieso keine Lust auf Typen. Ihre Eltern zoffen sich ja grade ständig und das verleidet Caro ziemlich die Lust auf ne Beziehung. Und Feli hat auch keinen Freund aber das liegt daran dass sie sich nicht festlegen will. Sie könnte echt haben wen sie will, aber sie sagt sie fängt ja gerade erst an Schokolade zu essen u sieht nicht ein, nur Vollmilch zu essen (Feli redet gern in Metaphern). Mir würde es schon reichen wenn sich überhaupt mal wer für mich interessiert, aber als Freund will ich nur Chris u ich glaub der hat mich noch nicht mal wahrgenommen! Da geb ich mir hier immer voll die Mühe dass ich mich richtig positioniere und er sieht nicht mal her.

TIPP DES TAGES:
Wer kämpft, kann verlieren.
Wer nicht kämpft, hat schon verloren.

 HAARIG :):) MITTWOCH, 28.9., 18:10

Heut geht's mir suuuupi! Meine Mama hat mir Friseurgeld gegeben und ich hab mir die Haare schneiden lassen und ein bisschen dunkler gefärbt. Jetzt sehen meine Augen richtig blau aus, viel mehr blau als grau! Musste eben mal voll gut gelaunt durch die Wohnung tanzen. HAHA! WENN Chris mich doch iiiiiiiiiiiiiiiiiiiiiiiiiiiiiiiiirgendwann mal anguckt muss ich mir wenigstens keine Gedanken wegen meiner Haare machen u kann mich drauf konzentrieren nicht wieder in nen Blumenkübel zu fliegen :D

GESPRÄCH MIT PAPA 20:50

Mein Paps findet meinen neuen Haarschnitt „auffällig" :D:D u jetzt schiebt er voll die Panik, dass ich in einer schwierigen pubertären Phase bin. Tja ich bin kein kleines Kind mehr damit muss er sich jetzt abfinden.

Eben kam er zum Gutenachtsagen in mein Zimmer. Das hat er schon seit Ewigkeiten nicht mehr gemacht! Immerhin hat er angeklopft, das hab ich ihm in den letzten beiden Jahren beigebracht. Er hat sich zu mir an den Schreibtisch gesetzt und rumgeseufzt u gesagt: „Ach Betty jetzt bist du schon 14, aber für mich bleibst du immer mein kleines Mädchen!"

Ich musste echt lachen weil er klang wie so ein Fernseharzt, der seinen Patienten sagt, dass sie unheilbar krank sind. Mein armer Paps, ich glaube, er merkt jetzt gerade, wie alt ER mittlerweile ist :P Ich frag mich gerade wie mein Leben aussieht wenn ich vierzig bin. Boah das ist noch ewig bis dahin! Ist auch gut so weil ich dann bestimmt graue Haare hab wie Caros Mutter!!

TIPP DES TAGES:
Haltet an eurem 14. Geburtstag ein Päckchen Taschentücher für wehmütige Väter bereit. Sie könnten es brauchen :)
Eure Betty

VORBEREITUNGEN FÜR MEINE GEBURTSTAGSPARTY

DONNERSTAG, 29.9., 16:50

Übermorgen feiere ich meinen Geburtstag. Es wird meine erste große Geburtstagsparty seit ich nicht mehr auf der Grundschule bin :D Freu mich voll!! Eingeladen hab ich natürlich meine Süßen Caro, Aline und Feli. Joa und dann noch Jessi und Nina und ein paar Jungs aus meiner Klasse.

Meine Eltern haben doch tatsächlich diskutiert wie lange die Leute bleiben dürfen. Am Schluss hieß es dann bis 22 Uhr und – jetzt kommts – von allen Leuten wollten sie die Namen und DIE ADRESSE wissen! Für alle Fälle! (Ist übrigens der Lieblingsausdruck von meinem Paps.)

Wenigstens konnte ich ihnen klarmachen, dass sie sich NICHT in der Nähe der Haustür, im Flur oder im Gästebad aufhalten dürfen (und in meinem Zimmer, wo wir feiern, schon gar nicht!).

Heute hab ich mit meiner Mum schon mal für die Party eingekauft. Wir haben ne Menge Knabberkram gekauft und Getränke und bisschen Deko, silberne und pinke Luftschlangen. Freu mich schon wird bestimmt cool! Haha und Tamara die Oberzicke ist bestimmt voll angefressen weil ich sie nicht eingeladen hab u sie hat mitgekriegt dass ich an ein paar andere Einladungen verteilt hab :D

TIPP DES TAGES:

Es ist soooooooooo geil jem. nicht einzuladen der sonst überall eingeladen wird u zu sehen wie derjenige dann angefressen ist :D Müsst ihr auch mal machen. Kann ich nur empfehlen :D

SHOPPING :):)   FREITAG, 30.9., 14:17

Gleich kommt Feli und wir gehen für morgen SHOPPEN :D Hab ja noch mein Geburtstagsgeld, vllt. find ich was Cooles.

     19:42

Bin pleite! :) Feli und ich waren im Einkaufszentrum und im H&M hab ich ein cooles Shirt gefunden mit Sternen drauf und einen Rock mit Tüllspitze und Lochstrumpfhosen, sieht voll süß aus! :) Ja u dann hat Feli im EKZ ne SMS gekriegt u gesagt das waren zwei

Freunde von ihr und ob wir noch mit denen ne Cola trinken gehen wollen. Ich so „Klar, warum nicht" und dann sind wir ins Mecces. Dort saßen dann zwei Typen aus Felis Klasse. Feli kennt die beiden iwie schon vom Kindergarten, aber dann haben sie sich ewig nicht gesehen und jetzt sind sie vom naturwissenschaftlichen Gymnasium auf unser sprachliches gewechselt. Feli sagt, es sind die einzig annehmbaren Jungs in der Klasse. Sie heißen Ivo und Zwieback. Zwieback heißt schon immer so, weil er aussieht wie der Typ von der Zwiebackpackung! Original, echt, halt jetzt ein paar Jahre älter, hihi. Ivo hat braune Haare, bisschen lockig und blaue Augen und sieht ziemlich gut aus. Im Kindergarten muss er noch ein ziemlicher Brummer gewesen sein, deshalb sagt Feli, seine Entwicklung gibt ihr Hoffnung für all die pickligen, pummeligen Jungs. Unter Voraussetzung der Tatsache, dass so ein Entwicklungssprung auch noch mit 14 passieren kann.

Ja jedfalls als ich gerade denke dass Ivo echt ganz süß aussieht, passiert was? Ratet mal … Genau! Miss Chaos muss sich natürlich mal wieder voll blamieren! OMG!! Ich hatte nen Cheeseburger und klar muss mir die Soße am Kinn runtertropfen bis in den Ausschnitt!! Dabei versuch ich schon immer nicht zu viel und nicht zu wenig abzubeißen. Und gerade da guckt Ivo mich NATÜRLICH auch noch an. Ich bin fast im Boden versunken! Und als wär das noch nicht peinlich genug bin ich natürlich voll rot geworden!

Warum IMMER ICH???

TIPP DES TAGES:
Wenn gut aussehende Typen dabei sind, NIE Burger essen! Nur Pommes ohne Ketchup!!!
Eure Betty

COOL :)   FREITAG, 30.9., 21:35

Hab eben ne SMS von Feli bekommen:

> Zwieback u Ivo kommen morgen mit auf deine Party ok? Lg Feli

Jipppiiiiieeee! Noch zwei Jungs! :):)
Muss jetzt schnell ins Bad und gucken was Nora in ihrem Kosmetikgroßhandel so an Zaubermittelchen hat! Will ja schließlich morgen umwerfend aussehen.

 PEELING   21:50

Habe Noras Erdnusspeeling benutzt und meine Haut ist total glatt und weich :):)
Freu mich soooo auf morgen!!

TIPP DES TAGES:
Wenn ihr ganz schnell ein Wunder braucht,
um das Beste aus euch zu machen:
Last-Minute-Beautyprodukte von Schwestern
und Müttern mitbenutzen.
Eure Betty

 WAAAHAHAHHHHAAAA!!! SAMSTAG, 1.10., 13:03

Scheiße Scheiße Scheiße!!!!!
Meine Feier kann heute auf keinen Fall stattfinden!!!!
Warum muss sowas immer mir passieren? Warum? Es ist so peinlich,
dass ich gerade nichts dazu schreiben kann.
Leg mich jetzt ins Bett und heul erst mal ne Runde.

TIPP DES TAGES:
Kein Erdnuss-Beautyprodukt von eurer Schwester
ausprobieren, wenn ihr super aussehen müsst.
Und eine Erdnussallergie habt.
Eure Betty

DANKE!!! SAMSTAG, 1.10., 14:10

Meine Mama ist die Beste, ehrlich!! *knutsch*
Ich kann heute Abend doch feiern!!!! Danke, Mama!!!

TIPP DES TAGES:
Wenn ihr ausseht wie ein Kirschstreuselkuchen, lasst euch von eurer Mutter Allergietabletten geben!
Eure Betty

MÜÜÜÜÜDE ... SONNTAG, 2.10., 9:12

Bin sooooo müüüde ... Die Uhr sagt zehn nach neun, eig viel zu früh zum Wachwerden aber tja dafür hab ich meine Geburtstagsfeier ja halb verpennt. Oje ich darf gar nicht dran denken ... Kennt ihr das? Wenn man etwas am liebsten vergessen würde kann man garantiert an nichts anderes denken. Deswegen lenk ich mich jetzt ab bevor ich vor Peinlichkeit sterbe u steh auf und räum das Chaos in der Küche weg.

  ### VOLL SÜSS 9:32

Meine Mum ist total süß!! Ich wollte eben das Geschirr aus der Spülmaschine räumen aber das war schon alles weg!! Daneben hing ein Zettel: „Sorry, meine Große! Manchmal sind Mütter peinlich, oder? Kuss Mama"
Ist das nicht süß? Könnte sie voll knutschen <3

OJE JETZT WIRDS PEINLICH 9:51

Tja ich stelle mich der Wahrheit u schreibe jetzt einen ausführlichen Bericht über meine Geburtstagsparty. Leider ist es ein sehr lückenhafter und echt voll peinlicher Bericht … Also, meine Mama hat mir ja die Allergietabletten gegeben. Die haben dafür gesorgt, dass der furchtbare Ausschlag in meinem Gesicht, den ich von Noras Erdnussbutterpeeling bekommen habe, schnell besser wurde. Tja aber die haben AUCH dafür gesorgt dass ich auf einen Schlag so müde wurde, als wär ich ohne Sauerstoffflasche auf den Mount Everest geklettert. Echt, das war voll SCARY! Von einer Sekunde auf die andere war ich so im Eimer, dass ich sogar angefangen hab zu nuscheln!!! Joa voll komisch und als meiner Mutter das aufging hat sie in der Apotheke angerufen, aber die haben gesagt das wäre vollkommen normal, das kommt bei Allergietabletten häufig als Nebenwirkung vor und ich soll einfach warten bis es vorbei ist. „Und wann ist es vorbei?", hab ich gebrüllt. „Na, so ein bis zwei Tage", hat meine Mutter gesagt und mich voll mitleidig angeguckt. OMG!! U meine Geburtstagsparty sollte in ein paar Stunden beginnen!
Ich wollte heulen und schreien gleichzeitig, aber stattdessen bin ich aufs Sofa gefallen und eingeschlafen.
Ich bin erst wieder aufgewacht als zwei Caros vor mir standen und mich rüttelten u voll panisch gesagt haben: „Aufstehen, die kommen doch alle gleich, du musst dich fertig machen! Es ist halb sieben!!"
Tja um halb acht sollte es losgehen! Ich hab mich kurz durchgeschüttelt und dann war da nur noch eine Caro und die war ziemlich hektisch. Sie hat mich ins Bad geschleift und mir so gut es ging beim Schminken geholfen (es ging nicht gut) und mir die neuen Klamotten rausgesucht. I love you Caro!! *knutsch* Ja und als ich dann so weit fertig gestylt war und in den Spiegel geguckt hab, fand ich, dass

ich fast okay aussehe, aber leider haben meine Augen auf halbmast gestanden!! Ich hab sie wegen dieser blöden Allergietabletten nicht richtig aufgekriegt!!!

Joa und dann kamen iwann die Leute aber ich weiß von meiner Feier nicht mehr wirklich viel. Tja und leider scheint das Gehirn außerdem ausgerechnet genau die Dinge zu speichern, die man am liebsten VERGESSEN würde, denn ich erinner mich nur noch an zwei Dinge, und zwar ausgerechnet an die zwei peinlichsten Aktionen überhaupt. Die erste: Erinnert ihr euch daran, dass meine Eltern versprochen hatten, sich von der Feier fernzuhalten? Tja, sie haben sich sogar fast daran gehalten. Aber nur FAST :/ Als gerade ein bisschen Stimmung ist steht plötzlich meine Mutter in der Zimmertür und fragt ob wir Kakao wollen!!! Ehrlich. KAKAO!! Wir sind 14 und keine 4!! Ich hab mich so geschämt dass ich echt fast gestorben bin. Keiner hat was darauf geantwortet, so peinlich war das allen. Tja das ist dann meiner Mutter scheinbar auch aufgegangen und sie hat sich schnell wieder verzogen.

Und das Zweite: Als die Feier rum war und die Leute nach Hause gegangen sind, wollte ich Ivo rechts und links Küsschen geben und bei links bin ich voll an seiner Wange vorbeigesegelt und er musste mich auffangen!!!

Er hat total süß gegrinst und gesagt: „Coole Party!"

Ich dachte ich sterbe.

Tja und dann bin ich ins Bett gefallen. Bzw Caro hat mich reingebracht. Sie hat bei mir übernachtet weil sie sowieso jede Gelegenheit nutzt, nicht zu Hause zu sein.

Nja jetzt könnt ihr euch ja vorstellen, was für nen Sonntag wir hinter uns haben! Mir wurde jedes Mal heiß wenn ich an gestern dachte weil mir alles so peinlich ist u Caro war schlecht gelaunt weil sie nicht nach Hause wollte. Heute Mittag haben wir uns dann ein bisschen gestritten aber nicht viel und dann haben wir noch nen Film geguckt aber iwie war das keine gute Idee weil es ein Liebesfilm war und ich hab geheult weil ich mich vor Ivo so blamiert hab und weil Chris nicht mal weiß dass es mich gibt und Caro hat geheult weil sie Angst hat dass ihre Eltern sich scheiden lassen. Ja war also ein ziemlicher Depri-Tag. Ich gehe jetzt runter ins Wohnzimmer und guck mit meinen Eltern den langweiligen Tatort damit der Depri-Tag noch nen würdigen Depri-Abschluss hat.

> **TIPP DES TAGES:**
> Wenn ihr zu Hause Geburtstag feiert, schenkt euren
> Eltern Kinokarten oder sowas. Hauptsache, sie sind
> aus dem Haus!
> Empfiehlt dringend
> Eure Betty

 SCHÄM　　　　　　　　　　　　　　　MONTAG, 3.10., 16:10

Grade kam eine SMS von Feli:

　　Hi Süße, wieder fit? Ivo meinte du warst
　　voll lustig am Samstag und er und
　　 Zwieback nennen dich Schlafpuppe ☺☺ xoxo Feli

> **TIPP DES TAGES:**
> Besser Schlafpuppe als Wachhund Höhö :D
> Eure Betty

HIHI :):) DIENSTAG, 4.10., 14:33

Haha, heute Morgen wurde es für meine Mum ganz schön peinlich :D Ich hab ja schon erwähnt dass sie Lehrerin ist (schlimm genug) und sie unterrichtet an dem naturwissenschaftlichen Gymnasium, das auf demselben Schulgelände steht wie unseres. Ja und Caros Bruder Constantin ist dort in der 10b und die haben meine Mutter als Kunstlehrerin, und weil Caro ihm von der Kakao-Frage auf meiner Party erzählt hat, wusste die ganze Klasse schon vor Schulbeginn von der Aktion. In der Kunststunde haben sich dann alle voll auffällig Kakaotrinkpäckchen auf die Tische gestellt und Schnorchel, der wirklich nie die Klappe halten kann, fragte meine Mum: „Frau König, wollen Sie vielleicht auch einen Kakao?" Haha hab mich voll weggelacht als Caro mir die Story erzählt hat :D

TIPP DES TAGES:
Spione in anderen Klassen haben.
Dann weiß man immer über alles Bescheid :D

CARO: deine arme mum, consti und co haben sie ganz schön drangekriegt
BETTY: ich finds lustig ☺
CARO: sie hat aber echt cool reagiert. Sie hat gesagt:

ach die ganzen kakaopackungen auf den tischen
sollen wohl eine art kunstprojekt sein ☺
BETTY: und das findest du cool?
CARO: schon. andere wären bestimmt voll beleidigt
gewesen deine mum nicht
BETTY: kann sein aber iwie ist es mir einfach
saupeinlich dass sie ausgerechnet am marie curie
unterrichtet und jeder weiß dass sie meine mum ist
CARO: so schlimm ist sie doch gar nicht jedenfalls streitet
sie sich nicht ständig mit deinem vater und sagt sie bereut
dass sie ihn geheiratet hat oder?
BETTY: nein stimmt das macht sie nicht. deine etwa?
CARO: ja und das find ich voll schlimm. dann bereut sie
bestimmt auch dass sie consti und mich gekriegt hat
BETTY: quatsch!!!!
CARO: ich kann dir sagen ich hoffe dass sich deine
eltern nicht scheiden lassen ich fühl mich so mies
BETTY: das muss echt schlimm sein aber wart erst mal
ab vllt lassen sie sich ja auch gar nicht scheiden. wenn du
magst komm am we wieder her meine eltern haben
bestimmt nichts dagegen
CARO: siehste, sag ich ja.
BETTY: hdl!
CARO: hdgdl!

ER IST SO SÜSS 17:12

Bin ein bisschen traurig. Chris guckt nie zu uns runter, wenn wir in der Schule im ersten Stock an der Brüstung stehen. Wie soll ihn die Liebe wie ein Blitz treffen wenn er nicht mal merkt dass es donnert? Oje ich fang schon an wie Feli und rede in komischen Metaphern :D Außerdem hab ich ein voll schlechtes Gewissen weil ich so egoistisch bin. Manchmal glaub, ich ich bin der egoistischste Mensch auf der Welt. Die ganze Zeit denke ich nur an Chris und dabei sollte ich an meine beste Freundin denken. Schlimm schlimm. Jedenfalls Caro gehts ja voll schlecht wegen ihren Eltern. Wenn ich mir vorstelle meine Eltern würden sich die ganze Zeit nur streiten u sich vllt sogar scheiden lassen, keine Ahnung wie ich das aushalten würde. Meine arme Caro tut mir sooooooo leid. Das hat sie echt nicht verdient. Nja sie kommt gleich vorbei u ich versuch mal sie aufzumuntern. Sie ist meine ABF u ich würd alles tun damit es ihr besser geht.

TIPP DES TAGES:
Die eigenen Sorgen mal vergessen
und sich stattdessen
um die ABF kümmern.
Eure Betty

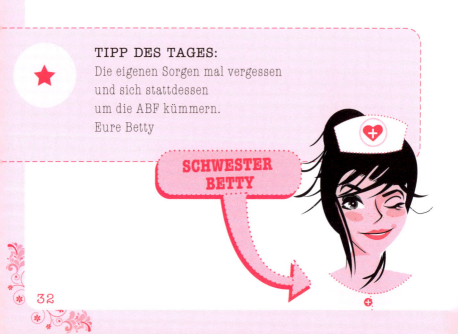

SCHWESTER BETTY

UNTERM REGENSCHIRM :):) 21:43

Heute hat Hip-Hop richtig Spaß gemacht. Wir haben ne Performance einstudiert zu Umbrella von Rihanna und unsere Trainerin Gina hat Prospekte mitgebracht für die neuen Gymnastikanzüge. Wir sollten abstimmen welche Anzüge wir bestellen. Ich fand die schwarzen Oberteile zu den pinken Hosen und schwarzen Tanzschuhen am besten. Caro wollte die Hosen in gelb. Tja und da wollte Jessi natürlich auch auf einmal die gelben Hosen, obwohl sie vorher die pinken toll fand. Jessi ist so eine falsche Schlange! Sie hängt an Caro wie eine Klette und egal was Caro sagt, es ist toll. Überhaupt schleimt sie voll rum. Als Kira sagte dass die weißen Hosen fett machen sagte Jessi „Ja auf jeden Fall, die würd ich auch nie anziehen!" Da hab ich dann extra für weiß gestimmt aber nja die Mehrheit war für lila Oberteile und schwarze Hosen. Ist auch cool. Außerdem ist es eh egal, weil Jessi in allen Hosen doof aussieht!!

Warum sind manche Mädchen eig solche Zicken? Jessi tut so, als wäre Caro ihr Eigentum, nur weil sie schon in der Grundschule in einer Klasse waren. Seit Caro und ich uns angefreundet haben hat Jessi einen Hass auf mich. Meistens ist es mir egal aber manchmal nervt es schon, vor allem wenn sie überallhin mitkommen will. Mittlerweile geht sie Caro damit auch schon auf den Nerv aber die ist einfach zu gutmütig und traut sich nicht Jessi mal die Meinung zu sagen. Nja was solls von der lass ich mir nicht den Tag verderben!

> **TIPP DES TAGES:**
> Kein schlechtes Gewissen haben, wenn ihr Jemand nicht leiden könnt. Das wird sicher einen Grund haben.
> Eure Betty

DANKE MAMA UND PAPS DASS ES EUCH GIBT

MITTWOCH, 5.10., 22:00

Wahnsinn! Mein Blog ist gerade mal 12 Tage online und ich hab schon 56 Besucher!!! Hey ihr seid die Besten!! Tausend Dank. Tja eig wollte ich euch ja erprobte Tipps geben wie ihr am besten das erreicht was ihr wollt. Im Moment läuft bei mir aber wirklich GAR NICHTS glatt also sind es eher Tipps was ihr NICHT machen solltet. Nja Hauptsache es hilft iwie ;)
Caro war heute den ganzen Nachmittag da und wir haben gequatscht. Sie tut mir immer noch voll leid weil ihr Vater so komisch drauf ist u sie sagt, er bleibt immer länger im Büro und kommt nur noch zum Schlafen nach Hause. Sie hat Angst dass er ne Freundin hat und verdächtigt seine Sekretärin. Mit der verbringt er mehr Zeit als mit seiner Familie, meinte Caro. Ich kann mir das eigentlich nicht vorstellen, ich kenn ihn ja schon seit ich Caro kenne und nja er ist manchmal ein bisschen komisch aber ne Freundin …
Jedenfalls sagt Caro wenn das so weitergeht haut sie ab. Ihre Mutter heult ständig und Caros Bruder Consti machts wie Caro und ist meistens bei Freunden.
Tja vllt hat sie recht und ich sollte mal aufhören so viel zu jammern. Eig hab ich schon Glück mit meinen Eltern.
Mein Paps ist zwar manchmal ein bisschen anstrengend, aber ich kann mich immer auf ihn verlassen. Und dass er Lehrer ist und eine Vorliebe für komische Krawatten mit Comicmustern hat ist ja kein Charakterfehler. Auch nicht dass er Engländer ist und genauso frühstückt. Er isst nämlich immer so fettigen Speck mit Eiern. Ich finds voll eklig aber damit kann man leben. Mit meiner Mama ist es auch so eine Sache. Sie ist Lehrerin für Kunst und Französisch und manchmal ein bisschen pädagogisch drauf. Dann versucht sie einen auf Freundin

zu machen was meistens einfach peinlich ist. Einmal ist sie in mein Zimmer gekommen u hat gesagt „Hey, was geht ab?". Waahahahaha, mann, war das übel!! Die Ärmste, da hat sie mir echt voll leid getan :D Und ich mir auch! :D Aber nja ansonsten ist sie ganz okay.

> TIPP DES TAGES:
> ★ Bilder von gehassten Personen ausdrucken (haben wir mit der Vielleicht-Freundin von Caros Vater gemacht, die haben wir bei Google gefunden)
> ★ an die Wand kleben
> ★ mit Zeugs bewerfen
> Caro gings danach jedenfalls viiiiiiiiiel besser :D
> Eure Betty

ENDPEINLICH   DONNERSTAG, 6.10., 19:09

Es tut mir echt voll leid, aber das hier wird wahrscheinlich mein letzter Eintrag in diesem Blog. Ich werde nämlich im Lauf des Abends vor lauter Scham sterben. Das was heute passiert ist, ist SO schlimm, dass ich mich jetzt ins Bett lege und versuche, Mum und Paps davon zu überzeugen dass ich sterbenskrank bin und nicht mehr in die Schule gehen kann. Ich kann da NIE WIEDER hingehen!! Oh Mann also ich hab ja echt schon viel peinliche Sachen gebracht aber heute in der Schule ist das ALLERschlimmste und ALLERpeinlichste auf der ganzen Welt passiert. Und WEM ist das allerschlimmste und allerpeinlichste passiert? Natüüüürlich, Miss Betty aka Miss Peinlicher-gehtimmer. Es ist soooo unfair!! Warum passiert sowas nie unserer

Oberzicke Tamara??? Ich brings gerade echt nicht über mich Euch alles zu erzählen.

Jetzt leg ich mich jedenfalls erst mal ins Bett und mach mich unsichtbar.

TIPP DES TAGES:
Ins Bett legen
Einschlafen
Die ganze Schulzeit verschlafen
Mit 18 wieder wach werden
Hade, Eure Betty

Ich komm hie NIE WIEDER RAUS!

  DIE PEINLICHSTE AKTION DER WELT FREITAG, 7.10., 14:20

Hallo Ihr Lieben. Wie ihr seht ist Betty doch noch für euch da :) Ich hab beschlossen den Blog nicht zu löschen sondern jetzt erst recht weiterzuschreiben. Schreiben hilft echt, wenn ich was aufgeschrieben hab geht's mir danach meistens besser. Außerdem hab ich ja versprochen dass ich euch Tipps aus eigener Erfahrung gebe! Und ich will euch nicht enttäuschen :) Noch mal ein großes DANKE an euch, mittlerweile hab ich nämlich über 70 regelmäßige Leser! Kanns gar nicht glauben. Jedenfalls bleib ich euch treu!

Und glaubt mir, der heutige Tipp des Tages ist echt megawichtig wenn ihr euch nicht auch so zum Horst machen wollt wie ich!

Ok, also hier nun, was eure Miss Peinlich aka Betty gestern wieder gebracht hat. Wir hatten Französisch u unsere Lehrerin Frau Meyer

hat gerade angefangen Vokabeln abzufragen. Die Pause war zwar erst 10 Minuten vorbei aber ich musste voll dringend aufs Klo. Die Meyer hat zwar gemeckert weil gerade erst Pause war und blabla aber egal. Eigentlich hasse ich es ja, während der Stunde rauszugehen, weil da immer alle gucken (die Jungs auf den nicht vorhandenen Busen und die Mädchen auf den zu viel vorhandenen Bauch). Deswegen zieh ich mittlerweile schon automatisch den Bauch ein. Leider kann man seinen Po NICHT einziehen, also hab ich mich beeilt mit dem Rausgehen. Tamara sitzt vorne neben der Tür und ich hab voll gespürt wie sie mich angestarrt hat. Der wünsche ich manchmal echt die Pest an den Hals. Sie ist echt die eingebildetste Zicke die es gibt u wahrscheinlich war sie voll happy, dass mein Po größer ist als ihrer. Jedenfalls war mir das schon peinlich genug. Als ich im Mädchenklo vor dem Spiegel stand, hab ich auch noch einen Pickel auf meiner Stirn entdeckt!! Tamara hat NIE Pickel auf ihrer Samthaut.
Beim Händeabtrocknen hab ich deshalb lieber die weißen Kacheln auf der Wand betrachtet anstatt mein Gesicht im Spiegel. Tja, was soll ich sagen. Ich hätte wirklich mal besser MICH von vorne UND HINTEN genau betrachten sollen. Aber ich konnte ja nicht ahnen, dass gleich mein schlimmster Albtraum Wirklichkeit werden würde. Ich geh also ahnungslos zurück in meine Klasse und latsche mit eingezogenem Bauch an meinen Platz. Dann hör ich sie kichern. Erst die, die vorne sitzen (Tamara hat natürlich angefangen) und dann alle, an denen ich gerade vorbeigekommen bin. Tja iwas stimmte nicht. Ich hab voll irritiert zu Caro geguckt und die machte panisch Zeichen. Sie hat mich mit aufgerissenen Augen angestarrt und wild herumgefuchtelt. Ich hatte keinen blassen Schimmer, was sie wollte. Jedenfalls haben sich gerade alle vor Lachen weggeschmissen. Ja ich fands iwie nicht so lustig, dass ich wohl aus irgendnem Grund, den ich nicht kapiert hab, voll der Clown war.

„Was ist denn so lustig, Herrschaften?", hat die Meyer gefragt als ich wieder an meinem Platz war.
„An deinem Hintern!", zischte Caro mir zu. Ich hab mich dann rumgedreht und über meine Schulter an mir runtergeguckt und ... wäre am liebsten auf der Stelle gestorben!
Ein ewig langer Streifen Klopapier hing hinten aus meiner Hose raus, bis fast auf den Boden!!!
Mir ist gleichzeitig heiß und kalt geworden. In Filmen fallen Menschen manchmal in Ohnmacht, wenn sie vor Peinlichkeit fast sterben, aber leider ist das bei mir nicht passiert. Ich bin nicht umgefallen. Genau genommen konnte ich mich ÜBERHAUPT NICHT bewegen. Ich hab es noch nicht mal geschafft, wenigstens das dämliche Klopapier abzumachen. Zum Glück hat Caro schnell geschaltet. Sie hat den Papierstreifen abgerissen und ihn unter die Bank gestopft.
Die Meyer hat den Kopf geschüttelt, die Augen verdreht und genervt „Ruhe" gesagt, aber ich konnte sehen, dass sie in sich reingrinste.
Ich hab mich auf meinen Platz gesetzt und bin erst mal in meine eigene kleine Welt verschwunden. Das mache ich immer, wenn mir alles auf den Keks geht: Ich stelle mir vor, wie mein Leben sein SOLLTE.
Leider schieben sich dann immer Bilder meines echten Lebens dazwischen.
Oh Gott stellt euch das mal vor!!! Das ist echt das PEINLICHSTE was mir JE passiert ist! Man sollte ja meinen, dass ich mittlerweile mal NEBEN ein Fettnäpfchen trete statt mittenrein aber iwie klappt das nicht. Mir war gestern fast den ganzen Tag schlecht vor Peinlichkeit und der einzige Gedanke, der mir durch den Kopf ging war, bitte bitte lass nicht Chris gesehen haben, wie ich mit dem Klopapier an der Hose durch die Schule gelaufen bin. Bei meinem Pech hatte er gerade ne Freistunde und alles mitgekriegt. Ich hatte jedenfalls so ne Angst davor heute wieder in die Schule zu gehen, dass ich mei-

ne schwarze Jeans und einen riesigen schwarzen Kapuzenpullover angezogen u die ganze Zeit die Kapuze über dem Kopf gelassen hab damit mich keiner erkennt u ich bin in der kleinen Pause auch nicht rausgegangen. Ihr könnt euch ja sicher vorstellen, dass ich trotzdem heute Morgen keine Sekunde sicher war vor blöden Späßen. Iwie schien die halbe Schule von der Aktion zu wissen. Ja und wenn ich mir vorstelle dass CHRIS wirklich davon erfahren hat, sterbe ich!!!! Zum Glück gabs heute Herbstferien da hatten wir nach 3 Stunden Schulschluss u ich konnte heimgehen. Nja vielleicht denkt nach den Ferien keiner mehr an die Aktion.

Und morgen fliege ich auch erst mal mit meiner Family zu Paps Eltern nach England! Eigentlich hatte ich da überhaupt keinen Bock drauf, weil Oma Alice und Opa John nicht etwa im coolen London wohnen sondern in einem Kaff namens Basingstoke!!! Aber zumindest bin ich erst mal weg aus der Megapeinlichkeitszone :D Wahahahahahaha mein Leben ist eine Katastrophe!!!

TIPP DES TAGES:
Auf dem Schulklo immer nur
Papiertaschentücher benutzen.
NIEMALS, wirklich NIEMALS Klopapier.
Empfiehlt dringend
Eure Betty

 ICH WILL HIER RAUS!!! FREITAG, 14.10., 22:10

Sorry dass ich so lange nicht geschrieben habe. Das liegt daran dass ich in diesem englischen Kaff bei Oma Alice und Opa John an einem Uralt-Computer sitze und das Netz mal geht und mal nicht. Heute funktionierts endlich mal, da kann ich einen Eintrag versuchen … Was soll ich sagen: Ich verfaule hier bei lebendigem Leib. Hier ist GAR NICHTS los, das Kaff ist voll öde u wir fahren den ganzen Tag in der Gegend rum um iwelche Steine oder Hügel zu betrachten, wo mein Paps jedes Mal vor lauter Freude total ausrastet. Er ist ja in der Gegend aufgewachsen u schon seit ein paar Jahren nicht mehr hier gewesen. Abends sitzen wir im Wohnzimmer und trinken Tee. Fernsehgucken macht keinen Spaß, weil in den englischen Programmen nur langweiliges Zeug kommt. Ja was ich sonst so mache: Nora u ich liegen meistens auf unseren Betten u lesen iwelche Zeitschriften (sie hat zum Glück haufenweise davon eingepackt). Ja das wars, mehr gibt's nicht zu erzählen. Ich schreib wieder sobald ich kann, versprochen.

TIPP DES TAGES:
Basingstoke von der Landkarte streichen.
Eure Betty

NUR NOCH 3 TAGE!!! MITTWOCH, 19.10., 22:49

Ich weiß nicht wie aber iwie hab ich es geschafft nochmal 5 Tage bei Oma Alice und Opa John zu überstehen :/ Die beiden sind eigentlich schon ganz lieb aber Opa John hat irgendso ein Problem mit der Lunge und ich werd jeden Morgen von seinem Rumgehuste im Bad geweckt weil das Bad direkt neben Noras u meinem Zimmer liegt. Außerdem kommt mir schwarzer Tee mittlerweile aus den Ohren raus u ich kann auch die komische Mustertapete im Wohnzimmer nicht mehr sehen. Nja aber wenigstens kann ich euch heute Abend meine Zeichnung posten. Ich hab ein Bild gezeichnet wie es hier aussieht aber Oma Alice u Opa John haben keinen Scanner sonst hätte ich es schon vorher gepostet. Joa aber dann haben Nora u ich George kennengelernt. George ist 15 und wohnt nebenan und ist so ein pickliger Kerl mit dicker Brille, ein echter Nerd. Tja aber wie es sich für einen richtigen Nerd gehört hat George natürlich nen Supercomputer u Scanner und so und den kann ich benutzen :):)
Joa also hier meine Zeichnung:

Hoffe sie gefällt euch!
Hade <3

TIPP DES TAGES:
Das Prinzip „nicht mit Nerds gesehen werden"
kann Hunderte von Kilometern von
zu Hause entfernt außer Acht gelassen werden.
See you soon,
Eure Betty

 BETTY IS BACK! FREITAG, 21.10., 21:12

Bin endlich wieder zu Hause! Heute Mittag sind wir angekommen u ich hab gleich mit Caro u Feli getextet. Hab die beiden soooooooo vermisst!!
Joa die letzten beiden Tage in England waren noch voll anstrengend, ich glaube, der Nerd von nebenan hatte sich in mich verknallt! Nora meinte auch er hätte mich die ganze Zeit von seinem Zimmerfenster aus beobachtet! Boah das war voll gruselig!! Das Zimmer war nämlich genau gegenüber von unserem u einmal als ich abends die Vorhänge zumachen wollte, hat er an seinem Fenster gestanden u mich mit seinem Zahnspangengrinsen angeglotzt!!!! Und am letzten Tag wollte er ein Foto von mir machen! Das geht ja gar nicht! Nee nachher stellt der das noch ins Netz auf seine Seite oder so und gibt mich als seine Freundin aus!! Sowas hat mal einer mit nem Bild von Sarah aus meiner Klasse gemacht, das war ihr total peinlich und iwie wars auch voll gruselig. Ich war echt schockiert und es war mir egal dass der Nerd voll traurig abgezogen ist. Waaahahahahahha bin ich froh dass wir wieder hier sind. Morgen treff ich mich mit Caro u ich freu mich sogar auf die Schule weil ich dann Chris wiedersehe.
Ja und natürlich schreib ich jetzt wieder regelmäßig, versprochen :)

TIPP DES TAGES:
Vorsicht vor Nerds mit Kamera!
<3 Eure Betty

komische Brille
+
Zahnspange

+
Fotoapparat
=
gruselig!!!!

  FÜR EUCH :):)   SAMSTAG, 22.10., 11:10

Heute schreib ich mal ein bisschen was über meine Familie. Viele von euch haben nämlich Kommentare gepostet und wollen mehr über die Leute wissen, von denen ich immer berichte. Also gibts heute mal ein bisschen was über meine Family und Friends.

MEINE FAMILY:

MEINE MUM Sie ist 42 und Lehrerin. Joa und das üble ist: Ihr wisst ja dass sie an meiner Partnerschule unterrichtet! Das ist kein Spaß, kann ich euch sagen. Also mit unserer Partnerschule ist das so: Auf unserem Schulgelände gibt es mehrere Schulen. Zwei Gymnasien, eine Gesamtschule, eine Grundschule und eine Hörbehindertenschule. Das eine Gymnasium ist das sprachliche Hermann-Hesse-Gymnasium, auf dem ich bin, das andere ist das Marie-Curie u das ist ein naturwissenschaftliches Gymnasium. Joa und da unterrichtet meine Mama. Weil die Schulhöfe von Schülern von beiden Schulen genutzt werden seh ich sie öfter und sie mich natürlich auch, was ich total blöd finde. Komme mir iwie so beobachtet vor. Und in der Oberstufe sind die beiden Gymnasien auch noch zusammengelegt und wenn ich ganz viel Pech hab, wird meine Mutter irgendwann mal meine Lehrerin!!! Drückt mir die Daumen dass das NIE passiert! Aber ich könnte wetten dass es doch passiert bei meinem Glück :(Nja sonst ist meine Mama meistens ganz ok, aber manchmal geht sie mir auch ganz schön auf den Keks. Sie meint immer sie weiß alles besser und was gut für mich ist und „Ja bei mir war das so und so blabla …" Manchmal gibts auch ganz gute Tage, da bringt sie mir was aus der Stadt mit oder so. Nja mehr dazu ein andermal.

MEIN PAPS Mein Daddy ist auch Lehrer aber an ner Grundschule (zum Glück nicht die auf unserem Schulgelände, das würd ich nicht aushalten wenn meine beiden Eltern auf unserem Schulgelände rumrennen würden!). Paps ist auch 42 wie meine Mum. Dass er Engländer ist wisst ihr ja schon. Er ist zum Studium nach Deutschland gekommen, hat meine Mum kennengelernt u ist hiergeblieben. Im Moment dreht er ein bisschen am Rad. Meine Mum sagt, es ist ne Midlife-Krise weil seine Haare langsam ausfallen. Morgens liegen manchmal welche im Waschbecken rum das ist voll eklig. Und seit neuestem zieht er ENGE JEANS an, auch noch so ultrapeinliche aus der Herrenabteilung vom Kaufhaus. Nja aber sonst ist er ganz okay.

MEINE SCHWESTER Sie ist 17 und manchmal zicken wir uns ganz schön an. Meistens ist sie aber ganz okay und leiht mir ihre Klamotten und sowas. Sie ist eigentlich mehr bei ihren Freunden als bei uns. Ich sehe sie nur beim Mittagessen und morgens im Bad. Wir krachen uns jedes Mal weil sie ewig im Bad braucht und ich deshalb nie rechtzeitig fertig werde. Wenn ich mal vor ihr drin bin schließ ich immer ab u sie regt sich voll auf und ich mach dann extra langsam :D

Tjaaaa und dann gibt es noch MEINE KATZE PUSCHEL. Sie ist grau-weiß gefleckt und wir haben sie auf einem Rastplatz in Frankreich in einer kleinen Kiste gefunden, als sie noch ganz klein war. Sie ist total verschmust, was total süß ist, aber wenn sie Dosenfutter mit Rind gefressen hat schmuse ich nicht mit ihr. Dann hat sie nämlich Mundgeruch.

HIER DREI DINGE, DIE ICH BEI MEINER FAMILY TOTAL PEINLICH/DOOF/NERVIG FINDE:

★ Dass meine Mama jedes Mal wenn wir zusammen in der Stadt sind jedem Schüler, den sie in der Klasse hat, winkt und so ein Pseudogespräch hält. Ich steh dann stumm nebendran u würde am liebsten im Boden versinken.

★ Dass mein Dad in jeder Pizzeria beweisen will, wie viele Fremdsprachen er kann und die Pizza auf Italienisch bestellt, auch wenn der Kellner aus Kroatien oder der Türkei kommt.

★ Dass alle Leute, die ich kenne, ständig sagen, dass meine Schwester Nora so hübsch ist. Kann das mal jemand über mich sagen, bitte? Schön wärs! :/

UND HIER DREI DINGE, DIE ICH CHILLIG/PRAKTISCH/COOL FINDE:

★ Sonntags bleibt der Frühstückstisch den ganzen Tag gedeckt und jeder nimmt sich was wenn er Hunger hat

★ Ich krieg bei den Gesprächen zwischen meinen Eltern immer den neuesten Tratsch aus dem Lehrerzimmer mit :D (auch wenn sie glauben, vor Nora u mir sowas verheimlichen zu können)

★ Nora war früher genauso unscheinbar und durchschnittlich wie ich. Vielleicht besteht ja für mich noch Hoffnung :D

Joa das wars eigentlich auch schon :)

My ABF

MEINE BESTEN FREUNDINNEN:

MEINE ABF: CARO <3 Caro und ich sind ja in derselben Klasse seit der 5. und seitdem sind wir befreundet. Sie ist total hübsch und lieb. Mit ihr kann man super reden und sie sagt immer ihre Meinung. Caro ist immer für mich da und ich bin sooooo froh dass es sie gibt!! Auch wenn sie zurzeit meistens schlecht drauf ist :(ABF forever!

MEINE BF: FELI Mit ihr hab ich früher als Kind gespielt. Jetzt geht sie in meine Parallelklasse. Sie wohnt ein paar Straßen weiter. Feli ist ziemlich klein und crazy und laut. Obwohl sie so klein ist wirkt sie viel älter als 14. Iwie stehen wohl ziemlich viele Jungs auf Feli, jedfalls wird sie ständig angeglotzt oder iwelche Typen pfeifen ihr hinterher. Wenn jemand Feli damit auf den Nerv geht brüllt sie ihn auch schon mal vor allen Leuten an :D In ihrer Familie ist immer was los: Ihre Eltern, Geschwister und die Eltern von ihrer Mutter wohnen alle zusammen in einem Haus. Mit Feli kann man ne Menge Spaß haben!

Ja jetzt wisst ihr n bisschen was über meine Family und Friends.
Ich geh jetzt duschen auch wenn euch das vllt gar nicht interessiert :):)
u dann treff ich mich mit Caro.
Hade <3

TIPP DES TAGES:
Macht auch mal so ne Liste mit allem was ihr an eurer Familie und euren Freunden mögt. Kann sehr hilfreich sein sie zu lesen, wenn euch mal wieder alle wahnsinnig machen.
Eure Betty

  GOOOOOOOOOOOGLE SONNTAG, 23.10., 21:10

Morgen geht die Schule wieder los u ich seh endlich Chris wieder!! Nja und weil ich mir vorgenommen hab bei ihm mal weiterzukommen, hab ich jetzt gerade mal gegoogelt auf was Jungs bei Mädchen stehen.

HIER DIE TOP 5:
★ Natürliche Ausstrahlung
★ Schönes Lächeln
★ Sportliche Figur
★ Man muss sich gut mit ihr unterhalten können
★ Sie muss humorvoll und lustig sein

Tja was eine natürliche Ausstrahlung genau sein soll stand da nicht. Wenn damit das Gegenteil von unserer total übertriebenen Klassenzicke Tamara gemeint ist dann hab ich hoffentlich ne natürliche Ausstrahlung. Ja dann hab mich im Spiegel angelächelt um rauszufinden ob ich ein schönes Lächeln hab. Ich finds nicht schlecht aber keine Ahnung obs schön ist. Joa dann wollte ich schauen ob ich eine sportliche Figur hab. Also bin ich ins Bad, hab mich ausgezogen u vor den großen Spiegel gestellt u mich von allen Seiten betrachtet. Ich tanze ja Hip-Hop aber in den letzten Wochen ist irgendwoher ein bisschen Bauchspeck aufgetaucht :/ Wahrscheinlich liegts an dem fettigen Frühstück in England, Rührei und Buttertoast wahahahahhahhahaha! Jedfalls hatte ich vergessen die Badezimmertür abzuschließen u meine Mum kam rein als ich gerade an meinem Bauch rumgezupft hab. Sie ist direkt in Panik verfallen und hat ein laaaanges Mutter-Tochter-Gespräch mit mir darüber geführt, dass das mit den dünnen Models in den Medien gefährlich ist und ich schön aussehe wie ich bin und all sowas. Ich fands iwie total süß wie viel Mühe sie sich gegeben hat und ich glaube, sie war ziemlich beruhigt als ich sagte ich find mich ganz okay. Nur vielleicht ist der Po ein bisschen zu rund. Da wurde sie wieder panisch und erzählte was von Oma, also ihrer Mutter, und dass die damals die begehrteste Frau in der ganzen Stadt gewesen ist und dass ich den runden Po von ihr hab und ich sollte stolz drauf sein. Nja ich kann mir lebhaft vorstellen, wie Omas Verehrer in ihrem Kuhdorf aussahen. Bestimmt so rotgesichtige Naturburschen mit schiefen Zähnen. Wahahahahah.

Ja auf jeden Fall hab ich dann noch überlegt, ob ich humorvoll und lustig bin. Nja keine Ahnung woher soll ich das wissen, aber ich glaub schon. Und als letztes auf der Liste „Man muss sich gut mit ihr unterhalten können". Ja keine Ahnung normalerweise schon, aber ich glaub wenn Chris mich ansprechen würde würde ich erst mal kein Wort rauskriegen :/ Aber ist sowieso egal, erst mal muss er mich ja bemerken bevor ich mir Gedanken über die erste Unterhaltung machen kann ...

TIPP DES TAGES:
Jeden Morgen vor den Spiegel stellen und sich sagen: „Ich bin schön." Angeblich steigert sowas das Selbstbewusstsein. (Aber sich bloß nicht dabei erwischen lassen! Dann wirds peinlich!)

ÜBLER TRAUM MONTAG, 24.10., 21:10

Heute Nacht hatte ich voll den üblen Albtraum: Ich bin mit Feli, Caro und Jessi in der Stadt und Chris u seine Freunde kommen uns entgegen und Chris lächelt mich an. Joa dann geht er vorbei, Jessi lacht voll laut, ich dreh mich um u seh dass er mir nachguckt u sich wegschmeißt vor Lachen u da merke ich, dass mir ein ewig langer Streifen Klopapier aus der Hose hängt! Ich hab voll lang gebraucht um zu kapieren dass es nur ein Traum war u mir war so schlecht dass ich gar nichts frühstücken konnte. Da hat meine Mum wieder Panik geschoben dass ich jetzt abnehmen will u hat mir ein Riesenpaket mit gesunden Sachen für die Pause gepackt. Bevor ich aus dem Haus bin hab ich echt fünfzigmal geguckt ob tatsächlich kein Klopapier iwo raushängt. Ich bin da jetzt voll paranoid, echt.

Nja in der Schule haben wir einen Vokabeltest in Franz geschrieben. Die Meyer hat zwei Gruppen gemacht, A und B. Haha ich hab einfach Gruppe A hingeschrieben obwohl ich B war und alles bei Caro abgeschrieben :D

TIPP DES TAGES:
Wenn eure Lehrerin euch bei nem Test in zwei Gruppen einteilt, teilt euch einfach selbst in die eures Sitznachbarn ein (vorausgesetzt der hat was gelernt).
Rät
Eure Betty

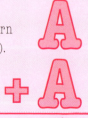

HI :)   DIENSTAG, 25.10., 18:10

Ich mach mir gerade Gedanken darüber, wie ich Chris auf mich aufmerksam machen kann. Ich mein iwie geht's nicht richtig vorwärts und die Tipps, auf was Jungs so stehen haben mir auch nicht wirklich weitergeholfen. Ich will aber auf keinen Fall was Aufdringliches machen.

                                                                                                        20:30

Habe eben mal im Netz nach ein paar Tipps gesucht, wie man Jungs auf sich aufmerksam machen kann. Hier mein Favorit:

DIE BLICK-STRATEGIE

★ Lächle ihn an und schaue dann weg. Er wird sich geschmeichelt fühlen, aber nicht wissen, was du damit meinst. Das irritiert Jungs und weckt ihre Neugier.

★ Wenn du merkst, dass er dich jetzt öfters neugierig betrachtet, hast du schon einiges erreicht. Vielleicht kommt er sogar auf dich zu und spricht dich an? Darauf musst du aber nicht warten. Auch du kannst auf ihn zugehen. Die Zeiten, in denen man als Mädchen darauf warten musste, bis der Junge auf einen zukam, sind Gott sei Dank vorbei.

★ Wenn es zu einem Gespräch zwischen euch kommt, sei ganz natürlich und versuche, so zu sein wie du sonst bist. Das klappt natürlich nicht so gut, wenn man aufgeregt ist. Darum mache dir klar: Auch er ist mit Sicherheit nervös. Es gibt keinen Grund, warum ihr euch voreinander verstellen solltet. Du willst ihn ja kennenlernen, wie er wirklich ist – und er dich auch!

Ok also Chris anzusprechen trau ich mich nie im Leben. Aber das mit dem Anlächeln und wegschauen muss ich unbedingt mal ausprobieren!

TIPP DES TAGES:
Fleißig weiter meinen Blog lesen – ich teste die Tipps für euch :):)

ICH HASSE ÜBERSCHRIFTEN MITTWOCH, 26.10., 21:10

Heute Morgen in der Schule waren die Jungs mal wieder voll unerträglich. Kurt hat sich nen Streifen Klopapier hinten in die Hose gesteckt u ist in unserer Klasse rumgelaufen, dann hat er mit verstellter Stimme „Hiiiiilfe" gebrüllt u die Jungs haben sich totgelacht! Nja ich hab so getan als wärs mir egal und hab nur gesagt, ja, suuuuuuuperwitzig. Jedfalls kam später Marco an u meinte ich soll nicht sauer sein war nur ein Witz weil die Aktion damals so saulustig war.
Ich hab mir ja vorgenommen rauszufinden, warum die meisten Jungs in unserem Alter so dämlich sind. Hat vllt mit den Hormonen in der Pubertät zu tun, keine Ahnung. Aber ich forsche weiter u halt euch auf dem Laufenden! :)
Ja von Chris gibts nichts neues. Ich wollte eig heute die Blick-Strategie ausprobieren aber ich hab ihn nirgends gesehen. Nja dann eben morgen.
Am Nachmittag war ich mit Feli, Ivo und Zwieback im Einkaufszentrum. Caro ist auch mitgekommen und da musste sich natürlich noch Jessi dranhängen. Nja. Wir sind so rumgelaufen und haben CDs und DVDs geschaut. Caro hat „Er liebt dich einfach nicht" und „Scream 2" gekauft und Ivo und Zwieback den neuen Batman und ein PC-Spiel.

Nja, der Batman geht ja noch, wobei ich Heath Ledger lieber ohne Clownsschminke sehe ;)
Ivo und Zwieback sind übrigens eigentlich ganz normal gewesen. Ich muss Feli mal fragen, ob die in der Schule anders sind. Meine Theorie ist nämlich jetzt, dass Jungs nur durchdrehen, wenn es viele auf einen Haufen sind. Vielleicht gibt's dann sowas wie eine Hormon-Overdose und sie sind benebelt von der Pubertätswolke über ihren Köpfen.

FAZIT DES HEUTIGEN TAGES ZU ALBERNEN JUNGS:
★ Das Geheimnis muss in der Menge liegen: Ein oder zwei Jungs auf einmal sind okay, mehr nicht.
★ Wahrscheinlich gibt es eine Tageskurve mit ruhigen Tiefen und unerträglichen Höhen. Man muss sie also nur zur richtigen Zeit erwischen.

TIPP DES TAGES:
Wenn sich wer über euch lustig macht, am besten so tun als wärs euch total egal, dann machts demjenigen hoffentlich keinen Spaß mehr.
Eure Betty

 MAL WIEDER PEINLICH   DONNERSTAG, 27.10., 17:30

Heute hab ich Chris schon wieder nicht gesehen. Hoffentlich ist er nicht krank! In der großen Pause hab ich mich mit Feli getroffen. Sie ist echt voll lustig und man kann viel Spaß haben mit ihr. Ja aber ich hab mich mal wieder blamiert: Wir haben die ganze Zeit über Lehrer gelästert. Feli hat sich weggeschmissen vor Lachen, weil ich den

Rietmüller nachgemacht hab, den sie auch hat. Dann sind Ivo und Zwieback zu uns gekommen u haben gegrinst als sie gesehen haben wie ich beim Reden spucke (macht der Rietmüller immer, das ist so sauklig), ja und auf einmal macht Ivo so hektische Bewegungen mit dem Kopf u ich habs nicht kapiert und dann geht der Rietmüller direkt an uns vorbei!! Oh Schande das war mir so peinlich! Er hat zwar nichts gesagt aber ich glaub dass er mitgekriegt hat dass ich ihn meine. Ivo meinte er hat ja noch versucht mich zu warnen aber iwie hätte ich das wohl nicht gepeilt. Wahahahahahh!!! Dann haben Ivo und Zwieback und Feli und ich noch ein bisschen gequatscht und verabredet dass wir am Samstag alle zusammen ins Einkaufszentrum gehen. Hoffentlich ist meine peinliche Aktion bis dahin vergessen!

TIPP DES TAGES:
Immer drauf aufpassen, wer hinter einem steht!
Hade <3, Eure Betty

   HIIIIIIILFE :/:/   FREITAG, 28.10., 15:21

Oh mein Gott, ich schaffe es auch ohne Fernsehauftritt, mich zum Horst zu machen!!! Ich hab ja die ganze letzte Zeit überlegt wie ich Chris endlich auf mich aufmerksam machen kann. Ich hatte echt schon zu Hause vorm Spiegel geübt ihn anzulächeln und dann total cool wegzugucken. Ja und heute HAT Chris endlich mal zu mir runtergeguckt. Und wisst ihr, warum? Nein, nicht etwa weil ich heute cool und umwerfend ausgesehen hab und er von meinem Lächeln magnetisch angezogen worden ist! Nein natürlich weil ich mich mal wieder voll blamiert habe!! Also es war so: In der kleinen Pause ist

eine Horde so kleiner Frösche aus der Fünften an uns vorbeigelaufen. Die haben mega den Radau gemacht und sich so hin- und hergeschubst, und dann knallt so eine Kröte voll auf mich drauf, ich donner rückwärts ans Geländer und mein Kakao, den ich in der Hand hatte, fliegt übers Geländer ins Erdgeschoss. Nicht dass das schon peinlich genug war, weil die halbe Schule geglotzt hat, natürlich ist mein Kakao auch noch auf den Felber geflogen, der im EG rumpatrouilliert ist! Iwer hat auf mich gezeigt u dann kam der Felber natürlich hoch um mich zur Schnecke zu machen u es gab voll das Theater! Chris und seine Freunde haben neugierig runtergeguckt (wie ungefähr 150 andere Leute auch) als der Felber auf mich eingeredet u mich zum Horst gemacht hat!!
Ich gehe NIE WIEDER in die Schule!

> **TIPP DES TAGES:**
> Niemals Kakao aus dem Becher trinken.
> Nur Trinkpäckchen in die Schule mitnehmen.
> Eure Betty

 WOCHENENDE! SAMSTAG, 29.10., 11:15

Bin ich froh, dass Wochenende ist und ich noch nicht in die Schule muss! Bis Montag denkt vllt keiner mehr an meine Blamage mit dem Kakao. Nja heute Mittag treffe ich mich mit Feli und Ivo und Zwieback. Wir wollen ins Einkaufszentrum gehen.

19:30

Haha, war voll der lustige Nachmittag. War ja mit Feli, Ivo und Zwieback im EKZ und Caro kam auch mit. Ja auf jeden Fall haben wir

DVDs gekauft. Ivo und Zwieback irgendwas Abenteuermäßiges und Feli hat „Er steht einfach nicht auf dich" gekauft. Und ich habs mal wieder geschafft, mich zu blamieren. Also wir wollten zur Rolltreppe. Ivo hat mich gekitzelt u ich bin weggerannt u auf die Rolltreppe gesprungen und ja was soll ich sagen es war leider die falsche! Die Rolltreppe fuhr nach oben, nicht nach unten u ich bin voll gestolpert u hingeflogen! Die anderen haben sich weggeschmissen vor Lachen u ich bin fast gestorben weil total viele Leute geguckt haben. Waha-hahaahhahaha!!!!

TIPP DES TAGES:
Niemals ohne zu gucken auf Rolltreppen springen.
Eure Betty

BISSCHEN CRAZY :)   SONNTAG, 30.10., 21:30

Eben hatte ich Hunger und bin in die Küche gegangen um zu schauen, was wir so essbares im Haus haben. Hm frisches Brot, das liebe ich, wenns innen so weich ist und die Kruste nach Malz schmeckt. Ja und dann hab ich Frischkäse draufgestrichen. Nja und Lust auf Nutella hatte ich auch und da hatte ich die geniale Idee, das einfach ZUSAMMEN aufs Brot zu machen :D
Ist mal was anderes. Ja und damits schön bunt wird obendrauf noch ein Radieschen. Mir war so danach, haha. Kann sein dass mir gleich schlecht wird dann bin ich mal kurz weg.

Bettys Mage

TIPP DES TAGES:
Glaubt euren Omas wenn sie sagen: Mit Lebensmitteln spielt man nicht! Ich glaubs jetzt auch – mir ist schlecht! :/
Eure Betty

MONTAG, 31.10., 21:12

Hier ein erschütternder Bericht über das Verhalten 14-jähriger Jungs.

WARNUNG Wer sich schnell fremdschämt, sollte diesen Eintrag überspringen WARNUNG ENDE

Heute Morgen musste ich in der Regenpause Folgendes beobachten: Sieben 14-jährige Jungs, die mit ihren Stühlen wie auf so Hüpfballons über den Klassenboden hopsen. Da die meisten Exemplare motorisch völlig unbegabt sind

- ★ hörte es sich an wie eine Horde wild gewordener Nilpferde
- ★ sah das Linoleum nach zwei Minuten aus wie die Eisfläche im Eispalast am Sonntagabend
- ★ flog alle paar Sekunden eines der gestörten Exemplare auf die Schnauze

Dabei machten die Jungs Geräusche wie „Oh EueOOH aahHH" (wäre es nicht so peinlich, könnte man Mitleid mit ihnen haben) und verdrehten die Augen. Um das Ganze noch zu toppen, schmissen sie sich gegenseitig einen kleinen Tennisball zu (anscheinend hatten sie zwei Mannschaften gebildet, wobei ich versucht bin zu sagen, dass sie sich nicht nach Intelligenz aufgeteilt hatten) und ab und zu feuerte

einer den Ball in einen schwarzen Kreis, den sie an die Wand über der Klassentür aufgemalt hatten.
Ich riskierte einen akuten IQ-Sturz und fragte Micha:
„Was treibt ihr denn da für n Scheiß?"
Antwort: „Hoahoia-UUUUOOAAAH!"
Ich: „Ääähh …?"
Kurt so von der Seite: „Ey, wir spielen Behindi-Basketball!"
Alle Jungs im Chor: „UUUHoaoaoaoaHHH!"
Tja so sieht die entsetzliche Wahrheit aus: 14-jährige Jungs sind gehirnamputierte Kleinkinder.
Okay, vllt nicht alle, Ivo und Zwieback sind nicht so gestört :):)
Vllt habt ihr ja auch Glück und es gibt ein Exemplar in eurer Nähe das nicht so bescheuert ist.

TIPP DES TAGES:
Fragt Jungs NIE, was sie da gerade machen. Wenn es bescheuert aussieht, IST es auch bescheuert und ihr wollt die Wahrheit garantiert nicht wissen.
Eure Betty

 FRÜH AM MORGEN UUÄÄÄH DIENSTAG, 1.11., 6:40

Heute sehe ich Chris garantiert! Er hat nämlich dienstags Chemie und der Chemiesaal ist auf unserer Etage. Da muss er in der kleinen Pause an unserer Klasse vorbei und ich werde ZUFÄLLIG am Geländer stehen. Tja irgendwie muss ich die peinliche Kakao-Aktion wieder wettmachen. Heute versuche ich besonders gut auszusehen u auf AUF GAR KEINEN FALL was peinliches zu machen. Notfalls zähle ich

in Gedanken bis hundert während ich ihn anlächele. Und dann schau ich total cool weg.
Was zieh ich an? Was zieh ich bloß an? Hm Jungs stehen auf natürlich und sportlich ... okay, also auf alle Fälle meine graue Jeans und das Shirt mit den Sternen und die lila Converse.

6:42

Nee die graue Jeans geht nicht die ist in der Wäsche eingelaufen. Ich zieh die schwarze an.

6:43

Die ist auch eingelaufen!!

6:44

Vielleicht sind die Jeans gar nicht eingelaufen sondern ich hab zugenommen?? Stelle mich also auf alle Fälle so ans Geländer, dass er mich nicht von hinten sieht.

6:45

So hab jetzt die schwarze Jeans an. Konnte mich gerade so reinzwängen. Heute verzichte ich besser mal in der Pause auf meinen heißgeliebten Schokoriegel u nehme stattdessen nen Apfel mit. Würde mich gerne ein bisschen schminken aber ich hab noch nicht so viel eigenes Schminkzeug, nur die Wimperntusche und den Lidschatten von Feli. Und von Noras Sachen leih ich mir so schnell nichts mehr aus. Ich guck mal bei den Sachen von Mama, da ist nirgends Erdnusszeugs drin.

7:10

Mama hat zwar echt viele Lippenstifte, aber die Farben gefallen mir nicht. Ich hab nur ein bisschen Puder genommen und Wimperntusche und schwarzen Kajal. Leider bin ich mit dem Kajal ins rechte Auge gerummst u das ist jetzt ziemlich rot und brennt. Mache ein bisschen Wasser rein, dann wirds bestimmt besser.

17:15

Tja ich bin in der kleinen Pause heute doch nicht raus auf den Gang weil mein Auge aussieht als hätte ich mich mit den Klitschkos geprügelt. Da ist die Blick-Strategie total nutzlos. Überhaupt frag ich mich, ob das so die tolle Lösung ist. Ich kann Chris ja nicht jeden Tag anlächeln und weggucken. Da muss er mich ja nach ner Weile für völlig bescheuert halten. Nja also meine Mum sagt wenn mein Auge morgen nicht besser ist muss ich zum Augenarzt. Vorhin hat Feli angerufen und gesagt dass Zwieback in Caro verknallt ist!! Sie hats ihm auf den Kopf zugesagt und er hat sie 100 mal angefleht, es niemandem zu sagen. Nja ich habs schon am Samstag im EKZ gemerkt ;D

21:40

Habe mit Caro telefoniert und ihr erzählt, dass Zwieback auf sie steht. Caro fauchte, das interessiert sie nicht, der ist genauso ein Arsch wie alle Kerle und der wird schon eine andere Dumme finden die ihn anhimmelt. Aber ich glaube iwie war sie doch ziemlich geschmeichelt. Später hat sie nämlich gesagt sie fühlt sich gerade so mies dass sie ein bisschen Bestätigung gut gebrauchen kann.

TIPP DES TAGES:
Der geht heute mal an die Jungs, falls welche den Blog hier lesen: Aufpassen! Freundinnen erzählen sich ALLES!!!

NEUE STRATEGIE   MITTWOCH, 2.11., 6:44

Meinem Auge gehts besser und ich muss nicht zum Arzt. Das ist die gute Nachricht :) Die schlechte ist, dass ich jetzt keine Ahnung hab, wie ich Chris auf mich aufmerksam machen kann (OHNE mich dabei zu blamieren). Die Blick-Strategie funktioniert bei mir nicht.
Habe in Noras GirlsOnly-Zeitschriften geblättert und ein paar Tipps gefunden:

DIE ANNÄHERUNGS-STRATEGIE
★ Finde heraus, wofür sich dein Schwarm interessiert. Spielt er Fußball? Dann informiere dich darüber. So kannst du im Gespräch mitreden und ihr habt gleich ein gemeinsames Thema
★ Suche seine Nähe. So machst du dich unverzichtbar! Wenn du mal nicht da bist, wird er es sofort merken …

Ok rausfinden für was er sich interessiert klingt gut. Aber seine Nähe suchen … Whahhahahahah, mal sehen …

UND DAS SOLLTEST DU AUF JEDEN FALL VERMEIDEN
★ Jungs mögen keine Mädchen, die zu viel Schminke im Gesicht haben. Betone deine Vorzüge, aber achte darauf, nicht auszusehen, als wärst du in einen Farbtopf gefallen.
★ Jungs mögen gepflegte Mädchen. Sei immer top gestylt, aber nicht overdressed!
★ Wenn er nicht gleich reagiert, wie du möchtest, sei nicht beleidigt! Jungs mögen keine zickigen Mädchen.

Kein Problem. Ich bin nie zugekleistert mit Schminke und zieh normale Sachen an. Haha dass Jungs keine zickigen Mädchen mögen, keine Ahnung ob das echt stimmt. Unsere Oberzicke Tamara jedfalls hat überall rumerzählt dass sie nen neuen Freund hat der zwei Jahre älter ist. Nja vllt erzählt sie das auch nur so und es stimmt gar nicht. Würd ich ihr zutrauen.

Ja also jedenfalls sollte ich vielleicht jetzt mal versuchen rauszufinden auf was Chris so steht. Weiß zwar nicht ob ich mich dann traue iwie auf ihn zuzugehen, aber schaden kanns ja auf alle Fälle nicht, mehr über ihn zu erfahren.

TIPP DES TAGES:
Handy nicht mit in die Badewanne nehmen.
Rät aus gegebenem Anlass
Eure Betty

DIE ZEIT VERGEHT ... ODER AUCH NICHT

DONNERSTAG, 3.11., 21:19

Heute hatten wir eine Doppelstunde Physik. Ich HASSE Physik. Tja und natürlich ging die Zeit überhaupt nicht rum. Ich hab iwann gar nicht mehr zugehört u mir wieder so komische Gedanken gemacht :) Kennt ihr das? Manchmal denkt man echt über die seltsamsten Sachen nach. Heute zum Beispiel hab ich drüber nachgedacht dass es ja vielleicht wirklich so ist, dass manchmal die Zeit schneller vergeht u manchmal langsamer. Im Physikunterricht geht sie iwie immer langsamer rum als sonst. Im Ernst, ich schwörs euch, der Minutenzeiger von meiner Uhr ist fast gekrochen. Vielleicht gibt's ja sowas wie einen inneren Zeitmesser beim Menschen, der anders tickt als eine Uhr, und die Zeit geht WIRKLICH langsamer rum, aber keiner glaubt dass es tatsächlich so ist. Ich hab beim Mittagessen meinen Paps gefragt weil er ja iwann mal Physik studiert hat und er sagte, eig kann das nicht sein obwohl zum Beispiel die Erde sich jedes Jahr mal schneller, mal langsamer bewegt. Habt ihr das gewusst? Ich nicht. Also er meinte, dass das mit der Anziehungs- und Abstoßungskraft des Mondes zu tun hat. Ich habs nicht richtig kapiert. Jedenfalls, vllt ging die Physikdoppelstunde heute tatsächlich langsamer rum als andere Stunden und keiner hats gemerkt. Ja solche Gedanken mach ich mir manchmal :D Und jetzt mache ich mir gerade Gedanken darüber ob ich jemals so richtig hübsch werde ... Meine Schwester Nora zum Beispiel sieht eigentlich ganz gut aus, aber vor ein paar Jahren war das noch anders. Sie hatte total viele Pickel. Jetzt sieht man davon nichts mehr, sie hat superschöne glatte Haut. Ich bin ja schon froh dass ich keine Pickel habe oder wenn, dann nur einzelne. Ich finde mich jetzt nicht hässlich oder so, aber iwie finde ich dass fast alle besser aussehen als ich. Vllt sollte ich mal wieder was verändern. Neue Frisur oder so wobei meine Haare mir eig ganz gut gefallen.

Ich glaub ich frag mal Feli ob wir uns zusammen schminken. Feli kann das ziemlich gut. Sie schminkt sich fast immer aber ganz dezent, nicht so farbtopfmäßig. Nja mal schauen. So für heute reichts mir mit schreiben, bin jetzt schon müde und hab schlechte Laune weil ich mich so langweilig fühle.

> **TIPP DES TAGES:**
> In megalangweiligen Physikstunden kann man echt gut nachdenken. Muss ja nicht über Physik sein ;)
> Haut rein, Eure Betty

 CHRIS FREITAG, 4.11., 18:12

Heute war ich nicht in der Schule, hatte ziemliches Bauchweh. Ich dachte vllt krieg ich jetzt meine Tage aber ich glaub nicht weil mein Bauchweh jetzt weg ist. Nja jedfalls gehts mir wieder gut u ich schreibe gerade eine Liste, was ich an Chris süß finde:

★ sein Lächeln
★ seine Klamotten
★ seine Stimme
★ wenn er zu seinen Freunden sagt „Was geeeeeht, Alter"
★ seine Haare

Ich wünsch mir grade dass er jetzt zu Hause sitzt und so ne Liste über mich schreibt. Nja glaub ich leider nicht aber träumen darf man ja …

TIPP DES TAGES:

Solche „Was ich mag"-Listen mal über sich selbst schreiben, wenns sonst keiner macht. Bei Vollmond hinter der Südseite des Hauses vergraben, nen Beschwörungstanz drauf tanzen und dabei laut „I will survive" singen. Vielleicht glaubt man ja dann selber an das was man aufgeschrieben hat (wenn keiner einen vorher in die Klapse bringt) ;D

Betty: hi ☺
CARO: hi ☺ na, gehts dir wieder besser?
BETTY: joa geht schon heute morgen hatte ich voll das bauchweh aber jetzt ists besser. gibts was neues aus der schule?
CARO: nö außer dass die jungs jetzt komplett durchdrehen.
BETTY: was war denn?
CARO: kurt hat sich nen schwarzen schal ums kinn gebunden und darunter an nem leeren trinkpäckchen gesaugt und so hohle schlürfgeräusche gemacht. Die anderen jungs ham sich bepisst und fandens saucool.
BETTY: äääh….? wegen nem trinkpäckchen unter nem schal???
CARO: ja das sollte darth vader sein.

BETTY: ...
CARO: darth vader, von star wars
BETTY: caro, du machst mir angst!! caro, bist dus???
CARO: 😊
BETTY: wer bist du und was hast du mit caro gemacht????
CARO: ich bins, keine panik 😊 das mit darth vader weiß ich von consti. mein bekloppter bruder steht auf star wars
BETTY: nja habs schon mal gehört aber nie gesehen interessiert mich nicht
CARO: mich auch nicht aber die jungs stehen drauf
BETTY: kapier ich nicht was die damit haben müssen wir iwann mal gucken
CARO: ja machen wir. oh mann ich hör gerade meine mum heult wieder. hier ists nicht zum aushalten eiskalte stimmung macht mich total fertig
BETTY: oh scheiße. hey magst du heut abend zu mir kommen? machen nen richtigen ABF-abend
CARO: au ja wär cool bin froh wenn ich nicht hier sein muss
BETTY: cool!
CARO: ok freu mich! hdl
BETTY: hdgdl

ABF SAMSTAG, 5.11., 13:06

Gestern hat Caro bei mir geschlafen. War voll lustig. Wir haben nen Liebesfilm geguckt und ich hab die ganze Zeit an Chris gedacht u mir vorgestellt wie er den Arm um mich legt … Da krieg ich immer ne Gänsehaut … Joa also Caro will ja Schauspielerin werden u wollte eine Szene nachspielen. Ich hab mir einen Busen aus Tennisbällen gemacht und Caro hat einer alten Barbiepuppe die Haare abgeschnitten und sich damit einen Schnurrbart gemacht. Ja voll kindisch ich weiß :D

Dann haben wir der Frau von unserem Physiklehrer ne Beileidskarte geschrieben aber wir haben sie nicht abgeschickt. Und wir haben selbst Popcorn gemacht. Zuerst normales, das war ganz einfach: Wir haben Butter heiß gemacht und Maiskörner reingeschmissen. Total irre wenn sie dann aufpoppen. Die Dinger sind durch die Küche gesprungen und wir mussten voll lachen. Dann wollte Caro welche mit Nutella. Wir haben bisschen herumexperimentiert. Leider ist das Nutella ziemlich angebrannt und die ganze Küche hat gestunken wie die Hölle. Wir mussten ewig lüften bis es besser war.

TIPP DES TAGES:
Wenn ihr Popcorn macht:
Niemals Nutella in den Topf geben.
Stinkt wie die Hölle, wenns verschmort.
Und ihr dürft stundenlang den
Topf auskratzen.
Eure Popcornexpertin Betty

BÄHHHHHH!!!

STINK CORN

HÖHÖ SONNTAG, 6.11., 22:01

Habt ihr schon mal versucht, mit eurer Nase euren Ellenbogen zu berühren? Micha hat heute Morgen in der Schule damit angefangen und gesagt, er hat irgendwo gelesen dass das rein technisch und physikalisch nicht möglich ist. Dann habens natürlich alle versucht. Es hat tatsächlich keiner geschafft. Als der Ludwig reinkam (das ist unser Chemielehrer) hat er gesagt wir sehen aus wie eine Horde Affen im Zoo. Mann aber das nervt mich voll, das muss doch gehen! Ich probier mal weiter, tschööööö! :D

 TIPP DES TAGES:
Okay, ich kann euch sagen: Es geht tatsächlich nicht! Aber guckt mal, ob ihr mit Eurer Zunge an die Nase kommt :D
Sagt megagut gelaunt
Eure Betty

 SCHON WIEDER MONTAG MONTAG, 7.11., 16:01

Gerade hat mich meine Mama gefragt, ob ich mir am WE bisschen Taschengeld dazuverdienen will. Freunde von ihr und Paps haben einen kleinen Sohn den Nora manchmal babysittet. Mama und Paps wollen mit ihren Freunden am Freitag ins Theater und eig sollte Nora auf den Kleinen aufpassen aber die ist schon auf eine Party eingeladen. Jetzt wollte meine Mama wissen ob ich das mit dem Babysitten machen kann. Ist mir ganz recht weil ich im Moment bisschen knapp bei Kasse bin u ich brauche DRINGEND neue Klamotten :D
Eig mag ich kleine Kinder auch voll gern, aber eher Babys. Drei-, Vier-

jährige sind mir zu anstrengend :) So wie meine Cousine Marie, die ist zwar ganz niedlich aber nach ner Stunde geht es mir auf den Keks dass sie all meine Sachen durcheinanderbringt und so. Nja hoffe der Sohn von den Büchners ist noch ganz klein. Babys sind sooooo süß! Bin gespannt wies wird.

TIPP DES TAGES:
Babysitten ist ne gute Idee für ne Taschengeldaufbesserung.
Nanny Betty :):)

  ### BÄÄÄÄÄH ICH MAG MICH NICHT

DIENSTAG, 8.11., 7:12

Oh Mann ich will heute nicht in die Schule!!
Sonst freu ich mich ja eigentlich immer auf die Schule weil ich da Chris sehe aber leider sieht er ja vllt auch MICH und ich seh heute so SCHEISSE aus!
Kennt ihr solche Tage, an denen man schon morgens den Spiegel ankotzen könnte? Meine Haare sind iwie platt u ich hab nen Pickel auf einer Backe und das Schlimmste ist: meine Jeans spannt!! Musste voll ziehen um den Knopf zuzukriegen. Nja ich geh ja heut Abend ins Hip-Hop. Eigentlich würd ich lieber auf der Couch liegen und Pizza essen aber das verkneif ich mir besser in der nächsten Zeit.

7:20

Ich hab mir ein cooles Sweatshirt von Nora geliehen, ein Oversize-Teil. Damit bin ich wenigstens für heute Morgen das Problem mit der zu engen Jeans los u es sieht auch noch ganz stylish aus.

21:10

Der Tag heute war Wahnsinn! Ich hab seit der großen Pause voll das Kribbeln im Bauch! Da war nämlich am Stand vom Hausi (das ist unser Hausmeister) wieder die Hölle los, alle wollten sich Kakao oder Brötchen holen und haben sich volle Suppe gegen den Verkaufstresen gedrückt obwohl jeder weiß dass der Hausi dann extra lang nicht aufmacht und einen hinter seiner Glasscheibe nur schadenfroh angrinst. Ja und Chris war auch da und ist voll auf mich drauf geschoben worden!! Mir ist voll heiß geworden weil mir eingefallen ist dass ich ja den Pickel auf der rechten Backe hab!! Hilfe das war mir so peinlich! Aber dann hab ich einfach meine Haare bisschen davorhängen lassen u das war okay. Und es war SO schön, Chris so nah zu spüren … Er hat mir sogar auf den Hals geatmet!! Und er hat sich eine Vanillemilch gekauft und ein Käsebrötchen, genau das gleiche wie ich immer!!! Ich werte das mal als gutes Zeichen :D Ja und dann hat er mich beim Weggehen gestreift u mich angesehen und ich hab ihn automatisch angelächelt!! Und er hat ZURÜCKGELÄCHELT !! Ich hab gedacht ich krieg nen Herzinfarkt!! Dann war ich erstmal voll happy und hab gar nicht mitgekriegt dass ich iwann dran war. Der Hausi hat iwas gesagt von „Hallo Madame, willst du jetzt was oder nicht" und es war mir voll egal dass ein paar das mitgekriegt haben :D Haha Chris hat mich angelächelt! Und berührt!! Ich schwebe :) Heute Abend im Hip-Hop hab ich dann zweimal gepennt und die Schrittfolge verpeilt, weil ich in Gedanken noch so bei Chris war :) Gina war nicht besonders happy. Aber ich hab zwei Extra-Aufwärmrunden gemacht wegen der Jeans heute Morgen u jetzt fühl ich mich besser :)

TIPP DES TAGES:
Wenn euch euer Schwarm so nahe kommt wie
Chris mir heute, bleibt cool und lächelt. Es lohnt sich :D
Eure Betty

GENIALE IDEE   MITTWOCH, 9.11., 19:11

Ich muss die ganze Zeit an gestern denken. Habs endlich mal geschafft Chris anzulächeln! Und er hat zurückgelächelt :D Jaaaa, das Leben ist toll!!! :D

Meine Mama ist auch ganz happy dass ich so liiiiiiiieb bin und Familie Büchner ihren kleinen Sohn am Freitag abnehme damit meine Eltern und die Büchners an dem Abend ins Theater gehen können. Sie hat mir sogar zehn Euro extra gegeben :D

Dann hat Feli angerufen und gefragt wo wir am Freitag den DVD-Abend machen. Tja ich hatte voll vergessen dass wir ja eig verabredet waren. Und Ivo und Zwieback wollten auch kommen. Nja und da hab ich gesagt, dass wir das doch einfach bei den Büchners machen können, die sind von halb acht bis Mitternacht weg u kriegen das eh nicht mit. Feli fand das genial und hat gesagt sie gibt Ivo und Zwieback Bescheid. Später hab ich noch mit Caro telefoniert und Caro meinte sie weiß nicht, ob das so ne gute Idee ist. Nja aber ich MUSS dahin und den DVD-Abend will ich auf keinen Fall verpassen. Caro ist manchmal echt ein bisschen übervorsichtig.

Vorbereitungsphase 1:
Feli und Co die Büchner-Adresse geben

TIPP DES TAGES:
Babysitten mit DVD-Abend kombinieren.
Man hat nen chilligen Abend und kriegt noch Geld dafür!
Eure Betty

  MEIN PLAN FÜRS BABYSITTEN   DONNERSTAG, 10.11., 18:10

Befinde mich gerade in Vorbereitungsphase 2:
Hab mit den Büchners telefoniert wegen morgen. Der Kleine ist schon vier. Also nichts mit süßem Baby. Nja bin mal gespannt, aber der wird ja bestimmt gleich ganz lieb in die Heia gehen, das wird schon klappen.

DIE BÜCHNERS SAGTEN ICH SOLL
- ★ Leon um 20 Uhr ins Bett legen
- ★ ihm eine Geschichte vorlesen
- ★ Licht im Kinderzimmer ausmachen, Tür einen Spalt auflassen und im Flur Licht brennen lassen
- ★ Tür zum Wohnzimmer auflassen, damit Leon weiß, dass ich da bin
- ★ mich leise beschäftigen, damit er nicht wach wird

MEIN PLAN FÜR EINEN GELUNGENEN BABYSITTER-ABEND SIEHT SO AUS:
- ★ Leon um 19:45 ins Bett legen
- ★ ihm eine Geschichte vorlesen
- ★ warten bis Leon ratzt
- ★ Tür zum Wohnzimmer fest zumachen damit Leon nicht merkt dass VIELE Leute da sind und wir
- ★ mit der coolen Surround-Anlage von den Büchners DVD gucken

> **TIPP DES TAGES:**
> Perfekte Vorbereitung ist alles.
> Seid immer einen Schritt voraus.
> Eure Betty

ENDLICH WIEDER ONLINE

SAMSTAG, 19.11., 20:53

Sorry dass ich so lange nicht online war. Ihr habt euch bestimmt schon gefragt warum ich nicht blogge. Tja meine Eltern haben mir den Laptop für eine ganze Woche weggenommen, weil die Sache mit dem Babysitten gründlich schiefgegangen ist. Tja mein Plan war nicht so ganz wasserdicht gewesen …

Ich war am letzten Freitag pünktlich um 19 Uhr bei den Büchners, meine Eltern haben mich hingefahren weil sie ja sowieso mit den Büchners gleich weiter ins Theater wollten. Die Büchners waren total freundlich und meinten so: „Du machst das ja bestimmt genauso gut wie deine Schwester."

Der kleine Rotzlöffel hat mir aus lauter Liebe dann zur Begrüßung gleich mal ans Bein getreten. Ich sage euch, kleine Kinder haben einen eingebauten Sensor, die merken sofort, wenn was nicht stimmt. Die Büchners meinten dann, der liebe Kleine hätte ein bisschen Angst vor Fremden. Haha …

Dann haben sie mir ihr Haus gezeigt, erklärt wo alles ist und meine Mum hat mir eingetrichtert, auf ihrem Handy anzurufen, „wenn was sein sollte". Der Kleine war bis auf den Tritt ans Schienbein total süß bis alle weg waren. Da war es 19:45 und ich wollte ihn ins Bett bringen. Aber er hat voll den Aufstand gemacht, er ist noch gar nicht müde und so. Dann hab ich ihm einen Schokoriegel versprochen und er ist in sein Bett gekrochen. Ich sollte ihm eine Geschichte vorlesen aus seinem Lieblingsbuch „Pu, der Bär". Klar, kein Thema, wenn er dadurch schneller einschläft umso besser. Leider war der kleine süße Engel voll hyperaktiv und hat nach jedem Kapitel „noch eins" gesagt. Nja ich hatte geplant, dass er um 19.55 schläft wie ein Engel. Um 20:20 war er so wach als hätte ich ihm eine Kaffeeinfusion gelegt. Als Feli, Caro, Ivo und Zwieback geklingelt haben, raste Leon an mir vorbei zur Tür. Dieses Kind hat definitiv KEINE Angst vor Fremden. „Wer isn das?", wollte Leon wissen, er war voll begeistert davon, dass jetzt hier mal was los war. Jetzt hatten wir ein Problem. Wir wollten ja DVD gucken aber jetzt wollte Leon natürlich schon gar nicht mehr ins Bett sondern unbedingt auch fernsehen. „He, Kleiner", hat Zwieback gesagt. „Der Film ist saugruselig. Kriegst du da keine Angst?" Leon hat gebrüllt, er kriegt bestimmt keine Angst und ist sowieso schon groß. Ivo meinte wir können auf keinen Fall Scream gucken wenn ein kleines Kind dabei ist und tja dann haben wir doch lieber „Er liebt dich einfach nicht" geguckt. Ivo hat zu Leon gesagt, wenn er das große Geheimnis für sich behält, dann könnte er mitschauen und Chips essen. Leon hat natürlich hoch und heilig versprochen, seinen Eltern nichts von dem Besuch und dem Film zu sagen. Von da an war er voll verrückt nach Ivo und hat sich beim Filmgucken an ihn gekuschelt. Das sah iwie voll süß aus wie die beiden da saßen. Irgendwann ist Leon dann eingepennt, vollgestopft mit Chips und Kekskrümeln um den Mund. Da war er iwie richtig niedlich. Tja als er schlief haben wir dann doch noch Scream reingemacht. Gerade als es supergruselig war hörten wir Schritte im Flur. Feli ist fast gestorben vor Panik, weil sie dachte, da ist ein Typ mit Umhang und Scream-Maske und der bringt uns alle um aber es waren Leons und meine Eltern und das war richtig übel. Ivo, Zwieback, Feli und Caro haben sich schnell verdrückt. Meine Eltern waren stocksauer auf mich, dabei haben die Büchners nicht mal groß was gesagt. Leons Mutter meinte sogar, Leon hätte ja einen schönen Abend gehabt und würde morgen bestimmt mal angenehm lange schlafen. Der ist nicht mal wach geworden, als sein Vater ihn ins Bett getragen hat. Nja meine Eltern waren jedenfalls supersauer auf mich und haben was von Vertrauensbruch gefaselt und so. Tja und deshalb musste ich meinen Laptop für ne ganze Woche abgeben und konnte nicht bloggen. Dickes Sorry!

ALSO, HIER DAS FAZIT DER BABYSITTER-AKTION:

★ Kinder lassen sich mit Keksen und Chips bestechen
★ Wenn Freunde vorbeikommen: wieder rechtzeitig rauswerfen!
★ NIE bei Freunden der Eltern babysitten
★ Am besten nur Babys hüten, die schlafen den ganzen Abend. Kleinkinder sind zu anstrengend.

TIPP DES TAGES:
Immer die Uhr im Auge behalten.
IMMER.
<3 Eure Betty

  10 GEHEIMNISSE ÜBER MICH   SONNTAG, 20.11., 18:34

1. Ich habe drei Vornamen
2. Bei meinen beiden kleinen Zehen fehlt das Mittelglied (zum Glück nicht das mit dem Nagel :))
3. Ich kann nur auf der rechten Seite einschlafen
4. Wenn ich mich abends ins Bett lege, fällt mir oft wieder mein letzter Traum ein

5. Als Kind habe ich mit nem Messer unter der Matratze geschlafen, weil ich Angst vor Einbrechern hatte :)
6. Bei Gewittern mag ich den Donner aber vor dem Blitz hab ich Angst
7. Wenn ich einen Gruselfilm geguckt habe, muss ich zum Einschlafen immer ein kleines Licht anlassen
8. Ich hab vor zwei Jahren mal ein Päckchen Kaugummi geklaut und immer noch ein schlechtes Gewissen deswegen
9. Wenn ich bei anderen Leuten zu Besuch bin und aufs Klo gehe, schnuse ich immer im Badezimmerschränkchen rum, was da so drinsteht
10. Manchmal hab ich voll die Lust über iwas meine Meinung abzugeben und wenn keiner da ist führe ich Selbstgespräche :D

TIPP DES TAGES:
Das allergrößte Geheimnis das ihr habt, NIEMANDEM verraten :)
Hade lan!

 SISTER-TALK   MONTAG, 21.11., 22:00

Heute Nachmittag war Nora ausnahmsweise mal zu Hause und so guter Laune, dass wir uns mal normal miteinander unterhalten konnten. Sie wollte wissen was es bei mir neues gibt u ob ich in jd verliebt bin. Ich hab gesagt dass es einen aus der Oberstufe gibt den ich ganz süß finde aber keine Ahnung hab wie ich an ihn rankommen soll. Sie meinte ich soll versuchen rauszufinden für was er sich interessiert u diese Information nutzen. Also z.B. wenn er Musik macht, könnte ich mit meinem Gitarrenkoffer in der Schule auftauchen. Nora meint dann sieht er schon mal, dass wir gleiche Interessen haben. Nja in dem Fall wär das ok weil ich Gitarre spiele, aber ich hoffe, er interessiert sich nicht für Kampfsport oder sowas. Ich lauf garantiert nicht mit weißen Kitteln und Stoffgürteln in der Schule rum! Allerdings hat Nora ziemlichen Erfolg bei Jungs vllt sollte ich ihren Tipp befolgen. Ich muss nur irgendwie rauskriegen, was Chris so macht. Nja jetzt muss ich noch lernen wir schreiben morgen Mathe u ich hab die Textaufgaben noch nicht richtig drauf. Tschöööööö bis bald, haut rein! :):)

TIPP DES TAGES:
Bei Sachen, von denen die Ahnung haben könnten, auch mal ältere Geschwister um Rat fragen.

 :P   DIENSTAG, 22.11., 22:03

Heute haben wir Mathe geschrieben. Vielleicht hätte ich gestern doch bisschen mehr Mathe lernen sollen denn die Arbeit war superschwer. Bei zwei Aufgaben hab ich dasselbe raus wie Caro u die kriegt im Moment gar nichts auf die Reihe wegen ihrer Eltern. Nja andererseits dass wir beide die gleichen Fehler machen ist auch iwie unwahrscheinlich. Trotzdem glaub ich dass ichs vermasselt habe aber für heute ists mir egal. Dafür war nämlich das Hip-Hop-Training heute cool. Ich war super drauf und Gina meinte ich soll jetzt in die erste Reihe!! Sie hat die Anzüge bestellt und die müssten am nächsten Dienstag schon da sein. Meine Mum gibt mir das Geld dafür *knutsch* Da fällt mir ein: heute Morgen ist mir MAL WIEDER was peinliches passiert: Ich war knapp dran für den Bus und hab nicht mehr in den Spiegel geguckt bevor ich aus dem Haus gerannt bin. Ausgerechnet heute gabs dann auch noch ein ziemliches Gedrängel im Bus und ich musste im Gang stehen wo einen jeder anguckt. Ja und als ich in die Klasse kam meinte Caro: Du hast da nen Fleck unter der Nase. Tja ich hab ihn abgerubbelt und rausgefunden: Es war Nutella!! Ich bin fast gestorben als ich mir vorgestellt hab dass das alle gesehen haben. Und keiner sagt einem was! Ok ich weiß auch nicht ob ICH das nem Fremden sagen würde wenn er nen Nutellafleck im Gesicht hat aber ich wünschte trotzdem MIR hätte jemand was gesagt! Nja ich hatte meinen Flauschschal um weils heute ziemlich kalt war, vielleicht hat der den Fleck ja halbwegs verdeckt. Warum kann ich auch nicht vernünftig essen sondern sau mich immer ein wie ein Kleinkind??

TIPP DES TAGES:
Wenn ihr Nutella gegessen habt, guckt IMMER in den Spiegel, bevor ihr das Haus verlasst!
Eure Schokoschnute Betty

  INFOS   MITTWOCH, 23.11., 14:22

Chris spielt Tischtennis. Es steht auf seiner Facebook-Seite bei den Hobbys. Sonst stand da noch Musik hören u mit Freunden chillen. Jetzt denke ich gerade drüber nach, ob ich mal in den Verein zum Tischtennistraining gehen soll. Nora und ich spielen in den Ferien am Meer immer Ping-Pong. Ich kann mich also nicht allzu peinlich anstellen, wenn ich am Samstag mal zum Probetraining gehe. Vielleicht bemerkt Chris sogar, dass ich für eine Anfängerin ganz gut bin.

TIPP DES TAGES:
Herausfinden, auf was der Schwarm steht.
Und dann dort aufkreuzen und sich super präsentieren.
Empfiehlt
Eure Betty

 CHEESEBURGER SIND SAULECKER   DONNERSTAG, 24.11., 22:17

Jetzt gibts einen neuen Bericht aus dem Krisengebiet der Jungs. Ich hab ja gesagt dass ich rausfinden will, warum 14-jährige Jungs soooooo kindisch sind. Heute Nachmittag habe ich deshalb eine Befragung bei einem einzelnen Exemplar der zu untersuchenden Gattung männlich, 14 Jahre, durchgeführt.

Ich hatte Ivo ins Mecces auf nen BigMäc eingeladen. Da sagt Ivo logisch nicht nein. Es war iwie voll locker und wir saßen da so rum und ich erzählte ihm vom Behindi-Basketball. Fand er saulustig.

Ich so: „Wieso spielen Jungs so alberne, diskriminierende Spiele wie Behindi-Basketball?"

Ivo: „Weiß nicht. Wieso diskriminierend?"

Ich erklärte Ivo, wieso ein Spiel namens Behindi-Basketball diskriminierend und albern ist.

Ivo: „Och, nööö, gar nicht. Ist doch nur Spaß."

Ich: „Aber sooooo unlustig!"

Ivo: „Nö ist saulustig. Ihr Mädchen immer mit eurem politisch korrekten Scheiß. Ihr kapiert das eben nicht."

Sprachs, aß sein Menü auf und fragte: „Ja und jetzt? Gehen wir chillen?"

Ich war völlig erschüttert. Tja was soll ich sagen. Mir fehlen die Worte. Mein Fazit für heute: 14-jährige Jungs sind reifetechnisch SO zurückgeblieben, dass sie sich nicht mal infrage stellen, wenn man sie mit der Nase in einen McFlurry tunkt.

TIPP DES TAGES:
Führt mit Jungs keine Gespräche über die möglichen Beweggründe der Verhaltensweisen ihrer Altersgenossen. Spielt mit ihnen lieber einfach nur Strohhalm-Blasen im Mecces.
Rät immer noch fassungslos
Eure Betty

SCHWACHSINNSFILM

FREITAG, 25.11., 0:06

Heute haben Caro und ich uns „Indiana Jones" angesehen. Laut Nora ist das ein absoluter Lieblingsfilm aller Jungs, und sie meinte, um zu verstehen, wie sie ticken, muss man sich in ihre Welt begeben. Tja mein Dad hat den Film in seiner Sammlung und Caro und ich haben unseren Freitagabend dafür geopfert. Ok ich geb euch jetzt mal ne kleine Zusammenfassung, damit ihr erahnt, was für ein Schrott das ist ohne ihn euch selbst angucken zu müssen:

Der Film spielt iwann vor 70 Jahren oder so. Am Anfang rennen zwei Typen durch den Dschungel, Indiana Jones und noch so einer. Tja dann kommen sie in ne Höhle wo ihnen sauekelige Spinnen auf den Rücken fallen. Mir hat danach die ganze Zeit der Rücken gekribbelt,

das war voll übel. ICH HASSE SPINNEN! Joa und dann rennen sie in ein Plastikskelett rein und finden nen goldenen Schrumpfkopf und Indiana Jones will ihn nehmen und der andere Typ sagt, er passt auf dass die Falltür nicht zugeht. Man sieht sofort dass der lügt aber Indiana Jones glaubts natürlich! Schon klar ;) Tja und gaaaaaanz überraschend hat der andere ihn verarscht und Indiana Jones steht noch in der Höhle da geht die Falltür zu und klar schaffts er gerade noch sich untendrunter durch zu winden. Obwohl die Falltür schon längst zu sein müsste als er da ankommt aber egal. Dann fällt er in ein Loch wo er sich NATÜRLICH noch an nem Seil festhalten kann und draußen ist dann wieder der andere iwie aufgespießt durch ne Falle (klar, die Bösen erwischts) und dann wird Indiana Jones von nem riesigen STEIN verfolgt. Nee, is klar ;) Und dann ist er raus aus der Höhle u rennt in die Arme von Eingeborenen, die den Schrumpfkopf wollen und entkommt dann mit nem Flugzeug, das ihn gerade noch rechtzeitig in der letzten Sekunde hochzieht!
Joa ich glaub den Rest erspar ich euch, das ging zwei Stunden lang so mit iwelchen Bösewichten und Fallen und Höhlen, haufenweise Spinnen und Skelette und all sowas. Nja iwann haben Caro und ich uns nur noch weggeschmissen und so viel Popcorn gegessen dass mir schlecht geworden ist :):)
Also mich wundert es nicht mehr, dass Jungs in unserem Alter manchmal so kindisch sind wenn sie auf solche Filme stehen! Nora hat gesagt zwei Jungs aus ihrer Klasse haben die Titelmusik als Klingelton weil Indy voll ihr Held ist. Wahahahhahaha!
Aber eine coole Stelle gabs in dem Film und zwar da wo Indiana Jones Professor an ner Uni ist und eine Schülerin ihn die ganze Zeit mit den Augen anklimpert. Als er sie anguckt macht sie die Augen zu u dann sieht man dass sie sich was auf die Augenlider geschrieben hat. Was das ist? Lest weiter! :)

TIPP DES TAGES:

Falls ihr eurem Schwarm gegenübersteht und der auch Indiana-Jones-Fan ist (scheinen sie ja alle zu sein ;))
<3 Eure Betty

TISCHTENNIS IST KEINE GUTE IDEE

SAMSTAG, 26.11., 22:58

Ich hab Nora erzählt, dass der Junge in den ich verknallt bin Tischtennis spielt u dass ich in den Tischtennisverein gehen will. „Echt?", sagte sie. „Wenn man so richtig ernsthaft Tischtennis spielt kriegt man einen dicken Hintern." Ich dachte zuerst Nora will mich ärgern, aber dann erklärte sie, warum es sehr wohl stimmt. Es hat irgendwas mit der Bewegungsart der verschiedenen Muskelpartien zu tun. Ich habe meine Sporttasche wieder ausgepackt und beschlossen, iwie anders an Chris ranzukommen.

TIPP DES TAGES:
Alle Möglichkeiten, an den Schwarm ranzukommen, zuerst auf Tauglichkeit überprüfen. Eure Betty

BF-ABEND

SONNTAG, 27.11., 14:40

Gestern waren Caro, Jessi und ich bei Feli. Wir haben einen Mädels-DVD-Abend gemacht. Zuerst haben wir Pizza selbst gemacht, war eig ganz leicht, Felis Mama hatte nen Fertigteig und Dosentomaten und wir haben dann noch die Pizza mit Paprika und Salami und Zwiebeln belegt, Käse drübergestreut und rein in den Ofen. Beim Rausnehmen hat sich Feli den Finger verbrannt und beim DVD gucken hat sie ihn die ganze Zeit in eine Schüssel mit Eiswasser gehalten. Wir haben Freaky Friday geguckt. Caro hatte ne Packung mit Fruchtgummiherzen dabei und Eis gabs auch noch. Nachher war uns allen voll schlecht aber lustig wars trotzdem. Wir haben alle bei Feli übernachtet und es war natürlich super eng in ihrem Zimmer. Wir hatten ein Matratzenlager gebaut und als Caro mitten in der Nacht mal aufs Klo musste ist sie aus Versehen auf Felis verbrannten Finger draufgetreten, und dann konnte Feli ne Stunde nicht wieder einschlafen und wir haben ein paar Kerzen angemacht und über alles Mögliche geredet.

17:52

Heute ist ja der erste Advent. Ich hab mir gerade ne Art Adventskranz gebastelt: Ich hab von vier leeren Coladosen mit nem Dosenöffner die Deckel abgemacht u dicke Kerzen reingestellt :D

20:46

Haha hab mit Feli gephont, sie fand meine Idee mit dem selbstgemachten Adventskranz gut u macht sich jetzt einen aus vier Grablichtern :D

> **TIPP DES TAGES:**
> Adventskranz selber machen.
> So ein Unikat hat sonst keiner :D
> Eure heute megakreative Betty

FIRST SNOW MONTAG, 28.11., 17:18

Mein Blog ist unter den Neueinsteigern auf Platz 30!! Wie cool ist das denn??? Und das hab ich nur EUCH zu verdanken! Tausend Dank!! Ich werd mir weiter Mühe geben, alles rauszufinden, was euch interessiert :):)

Heute hats übrigens zum ersten Mal in diesem Winter geschneit! Ich LIEBE Schnee. Als ich heute Morgen zum Fenster rausgeguckt hab habe ich Puschels Spuren im Schnee gesehen, das sah voll süß aus iwie. Tja und außerdem war es gut dass es geschneit hat weil dadurch der Bus nicht rechtzeitig kam was mir gut gepasst hat weil ich auch zu spät war :) Ich hatte ja gehofft dass ein paar Lehrer wegen dem Schnee nicht kommen würden aber leider hat es schon in der ersten Pause wieder aufgehört zu schneien und es sind keine Stunden ausgefallen … Dann haben wir auch noch die Geschichtsarbeit zurückbekommen und ich hab ne 4 … Nja Mama war relativ entspannt als ich es später zu Hause erzählt habe, weil ich sonst eig ganz gute Noten hab. Paps hat nicht groß was gesagt obwohl er der totale Geschichtsfanatiker ist u superviel weiß aber aufgeregt hat er sich zum Glück nicht. Joa sonst gibts nichts Neues zu berichten. Gehe gleich mit Caro, Feli, Ivo und Zwieback raus in den Schnee.

22:02

War superschön draußen im Schnee. Wir haben ne Schneeballschlacht gemacht u Feli hat Zwieback nen Schneeball aufs Bein gefeuert. Leider war ein Stein drin und Zwieback hat voll die Show gemacht und Feli komplett mit Schnee gewaschen. Wir haben uns gerächt u weil wir zu viert waren (Caro, Jessi, Feli u ich) haben Ivo u Zwieback ganz schön was abgekriegt :D

Als ich heimgegangen bin wars schon dunkel u alles sah total schön verschneit aus. Ein Pärchen ist vor mir gegangen die sind immer wieder stehen geblieben um zu knutschen … War iwie total romantisch wie die kleinen Schneeflocken um sie rumgewirbelt sind. Ich hab mir die ganze Zeit vorgestellt wie es wäre mit Chris so rumzulaufen … Oh Mann ich wär so froh wenn da mal was passieren würde … Immerhin haben wir uns ja schon mal angelächelt aber iwie weiß ich jetzt auch nicht mehr was ich machen soll damit wir uns iwie näherkommen … Die Blickstrategie ist auf Dauer nichts und die Annäherungsstrategie funktioniert nicht weil ich keine Ahnung hab was Chris außer Tischtennis interessiert. Ich wüsste so gern was er über mich denkt … Ob er an mich denkt …

23:11

Habe gerade in der GirlsOnly was von einem übersinnlichen Ritual gelesen, mit dem man seinen Schwarm angeblich für sich gewinnen kann: Man schreibt seinen Namen und den eigenen auf ein Herz aus Papier. Dann legt man es unters Kopfkissen und iwann träumt man von ihm. In derselben Nacht träumt er dann auch von der Person, die das Ritual durchgeführt hat. Haha natürlich völliger Schwachsinn.

23:14

Ok das ist wahrscheinlich völliger Schwachsinn aber es kann ja auch nichts schaden, wenn man es mal ausprobiert, oder?

23:45

Tja so wies aussieht schlaf ich heute Nacht auf nem Herz aus Papier :)

TIPP DES TAGES:
Wenn keine realistische Strategie bei eurem Schwarm funktioniert, vielleicht einfach mal ein unsinniges übersinnliches Ritual ausprobieren.
Eure Voodoo-Frau Betty

KLAMOTTENDESASTER

DIENSTAG, 29.11, 22:22

Heute sind unsere Trikots angekommen! Eig hatte ich mich ja drauf gefreut weil die Sachen Hammer aussehen. Dann wurde es aber wieder mal peinlich :/ Ich war ein bisschen zu spät dran und als ich kam hatte Gina jedem seine Bestellung schon ausgeteilt und alle standen in den neuen Sachen rum und waren voll happy. Nja ich bin dann schnell mit meinem neuen Trikot in die Umkleide um mich umzuziehen und dann …

OMG! Ich hatte alles in M bestellt und die Sachen waren auch M aber leider trotzdem zu eng! Um genau zu sein: Ich hab die Hose nicht mal bis zur Hälfte der Oberschenkel hochgekriegt! Ich hab echt alles versucht inklusive auf den Boden legen und ziehen und mit den Beinen strampeln wie ein Käfer auf dem Rücken aber es ging NICHTS! Genau da kam Jessi rein die Schlange und sagte:

„Ich wollt nur mal gucken ob du Hilfe brauchst … Oh, das geht ja echt gar nicht! Nja die Sachen sind echt nicht für uns Leute mit Rundungen gedacht!" AAAaarrrgh!!! Diese blöde Kuh! Ich hätte vor Wut kotzen können. Nur weil bei ihr das Zeug SO eng sitzt dass sie sich den Pulli um die Hüften binden muss damit man ihren eingezwängten Hintern nicht sieht, stellt sie sich und mich auf eine Stufe! Sie wollte garantiert erreichen dass ich mir jetzt auch was um die Hüften binde und wir beide dann als die Dickchen dastehen aber das mach ich nicht!! Dann bestell ich die Hose lieber ne Nummer größer als rumzulaufen wie Jessi!! Außerdem ist mein Po nicht so riesig wie ihrer ich hab nur ne Nummer zu klein bestellt! Ich habe dann mein altes Trikot angezogen und Jessi ignoriert. Jedenfalls tauscht Gina die Sachen um und ich muss jetzt noch warten. Bääääh.

TIPP DES TAGES:
Wenn ihr Klamotten bestellt, nicht ärgern, wenns nicht in der gewohnten Größe passt.
Liegt bestimmt an den komischen Schnitten.
Hade! Eure Betty

HAHA DIE JUNGS HABENS ABGEKRIEGT :D   MITTWOCH, 30.11., 19:35

Heute verrate ich euch mein Rezept gegen das absolute Schämen für peinliche Aktionen. Ich bin nämlich jetzt schlauer was das angeht, denn in der Schule ist heute etwas passiert, durch das ich deutlich klarer sehe:

Die Jungs aus unserer Klasse waren heute noch bekloppter drauf als sonst und das will ja bekanntlich was heißen. Sie haben die ganze Zeit iwas getuschelt und iwas rumgehen lassen und Kommentare gemacht wie „Boah, guck dir mal DIE an!" und „Wie geil ist die denn" und so. Dabei haben sie völlig idiotisch gelacht. Und jedes Mal, wenn irgendeine von uns Mädchen in ihre Nähe kam haben sie so getuschelt u schnell versteckt, was sie in der Hand hatten. Als ich meinen Erdkundeatlas aus meinem Fach holen wollte hat Kurt das geheimnisvolle Etwas in seinen Ranzen gleiten lassen und unschuldig mit Finn über ein Computerspiel

geredet. Ich hab gefragt was sie da haben und Finn hat nur gefaucht: „Geht dich nichts an!"

Logisch dass wir Mädels jetzt erst recht neugierig wurden, und als Caro sich später von hinten leise an die Jungs rangepirscht hat waren sie diesmal tatsächlich nicht schnell genug :D Caro hat ihnen das Heft das sie in der Hand hatten weggerissen u gebrüllt: „HAHA! 'ne Tittenzeitschrift!" Genau da kam die Sperber rein, unsere Englischlehrerin. Leider sind die Jungs nicht einfach nur dämlich sondern megadämlich, denn sie haben tatsächlich sogar während dem Unterricht unter der Bank weiter in der Zeitschrift geblättert!

Tja die Sperber ist nicht so dämlich wie die Jungs :D Sie hat sich iwann unauffällig in Bewegung gesetzt. Sie kann Jungs sowieso nicht leiden und wahrscheinlich hatte sie schon lange auf eine Gelegenheit gewartet, alle auf einmal hochgehen zu lassen. Die Jungs kapierten null, nada, niente. Kurt u Micha haben immer noch auf eins der Tittenmonster geglotzt und dann hat plötzlich die Sperber vor ihnen gestanden, die Hand ausgestreckt und zu Kurt gesagt: „Her damit."

Hahaha! Ihr hättet Kurts Gesicht sehen sollen :D:D

Er hatte schlagartig einen tomatenroten Kopf und sah aus als würde

er gleich vor Scham sterben :D Die Sperber hats aber durchgezogen und hat gesagt: „Wirds bald!" Tja da konnte Kurt nichts machen er musste ihr irgendwas geben u er hat unter seinem Tisch rumgefummelt u der Sperber das erste gegeben, was er in die Finger gekriegt hat: einen alten Kaugummi, den er wohl gerade unter der Tischplatte abgeknibbelt hatte! :D

Die Sperber ist RICHTIG fuchsig geworden und hat gesagt, sie lässt sich nicht für dumm verkaufen und will jetzt die Zeitschrift sehen. Ja was sollte Kurt machen, er ist abgetaucht und hat rumgekramt aber ewig konnte er ja nicht unten bleiben u dann ist er schließlich knallknallrot mit der Tittenzeitschrift wieder aufgetaucht :D

Die Sperber hat sie ihm aus der Hand gerissen und drin geblättert. Die Jungs waren total geschockt und waren stumm wie die Fische. Ja und dann hat die Sperber Kurt scharf angeguckt und gesagt, dass Jungs die sich Brüste in Zeitschriften angucken wohl noch nie welche anfassen durften :D Haha das war voll die coole Aktion von ihr :D Kurt u Micha wussten nicht mehr was sie sagen sollten. Haha das hab ich denen voll gegönnt :D Jetzt wissen sie mal selber wie es ist wenn einem was Peinliches passiert. Jedfalls lassen sie mich jetzt mit der Klopapieraktion wohl ein für allemal in Ruhe :D:D

TIPP DES TAGES:
Wenn euch was Peinliches passiert ist, müsst ihr nur hoffen, dass jemand anders was noch viel Peinlicheres passiert. Eigene Peinlichkeiten geraten darüber in Vergessenheit. (Notfalls müsst ihr nachhelfen ;D)
Rät aus Erfahrung
Eure Betty

EXPERTENRAT ZUM THEMA JUNGS
DONNERSTAG, 1.12., 19:12

Wegen der Aktion mit der Tittenzeitschrift gestern schreibe ich heute noch mal was zu der Frage „Warum sind 14-jährige Jungs eigentlich so dämlich?"

Ich dachte ich nehme mal Expertenrat in Anspruch und hab meine Mum gefragt, ob sie mal Zeit für ein Gespräch mit mir hat. Sie hat total überrascht geguckt. Normalerweise stehe ich ja nicht so auf Gespräche mit meiner Mum. Sie geht mir nämlich immer damit auf den Keks, dass sie mit mir REDEN will. Was ich so denke und mache und so. Joa und da bin ich dann eher mal NICHT so gesprächig drauf. Ich kann euch sagen sie war so happy dass ich was von ihr wissen wollte, dass sie gleich ihre Arbeit liegengelassen hat und in die Küche abgedampft ist, um uns einen Tee zu machen, damit „wir Mädels mal richtig gemütlich klönen können". Ihr seht, ich bringe echte Opfer um wichtige Fragen für euch zu klären :):)

NJA DAS FAZIT DES HEUTIGEN RECHERCHETAGES:

★ Meine Mum sagt, 14-jährige Jungs sind unsicher (höhö wers glaubt ich denke sie sind einfach bescheuert)

★ Solche Phasen gibt es mit ca. 14 und dann noch mal zwischen 40 und 55 (meine Mum meint, ich soll mal aufpassen wie mein Dad gerade drauf ist. Er hat sich ein Motorrad gekauft, obwohl er noch nie Motorrad gefahren ist)

★ Es gibt kein Rezept dagegen. Nur Geduld und abwarten, bis es vorbei ist

TIPP DES TAGES:
Das Thema Jungs bzw. Männer ist für Mütter ein gefundenes Fressen. Wenn ihr damit anfangt, hören sie euch garantiert zu und lassen alles andere liegen. Ein idealer Zeitpunkt, um nach einer Taschengelderhöhung oder neuen Jeans zu fragen ;D
<3 Eure Betty

CHHHWHHW-WRHHHHHRWWH ;);)
FREITAG, 2.12., 23:40

Heute waren Caro, Feli, Zwieback und Ivo bei mir und wir haben Star Wars geguckt. Die Jungs hatten die Filme mitgebracht u ich war voll neugierig, weil Jungs ja angeblich voll darauf stehen und ich so vllt meine Forschungen vorantreiben kann :)
Tja ich war also echt gespannt. Aber ... Was für ein Schwachsinn! :D
Nja der neuere Film ging ja noch obwohl ich nicht verstehe, warum Teil 1 von 1999 ist und Teil 4 uralt, von vor 30 Jahren irgendwie. Und der ging ja gar nicht! Da hat so eine mitgespielt die hatte die Haare voll komisch über den Ohren zusammengedreht, sah total daneben aus :D Tjaaa und sie hat die ganze Zeit geguckt wie ein Schaf im Regen und die Sprüche warn so SAUSCHLECHT.
Wahhhaaaa! Stehen echt alle Jungs da drauf? Wenn ja dann gute Nacht!
Also den Schrott guck ich bestimmt nie mehr :) Wobei der Anakin aus dem neuen Teil war voll süß, also wegen dem würd ichs glaub ich doch nochmal gucken :)
Aber warum Jungs da jetzt so drauf stehen kapier ich immer noch nicht ...

TIPP DES TAGES:
Solltet ihr jemals Star Wars gucken wollen, schaut euch nur die neuen Teile an. Da ist wenigstens ein süßer Typ dabei.

CARO: *chhhhhwhhhhhuuuuu …. chhhhhwwhwhuuuuuhuuu* na wer bin ich?
BETTY: darth vader höhö
CARO: wenigstens war der anakin süß
BETTY: tja der schon aber diese leia aus dem alten film! Was für ne frise!!
CARO: du wirst es nicht glauben 😊 consti der idiot hat sich von unserem vater am wochenende ein laserschwert schenken lassen!!! der ist echt so kindisch
BETTY: WAAAS??? consti ist 16!!!!
CARO: tja ich hab wenig hoffnung dass jungs mit 16 intelligenter sind als mit 14
BETTY: chris ist bestimmt ganz anders!!
CARO: *chhchuhhwhwuwh chcwwuwhwuwhu*
BETTY: hey ich sperr dich gleich!
CARO: ich komm mit dem laserschwert
BETTY: caro hör auf!
CARO: 😝
BETTY: whahahahahha 😝

WOCHENENDE :):) SAMSTAG, 3.12., 12:56

Treff mich gleich mit Feli in der Stadt weil sie sich neue Strumpfhosen kaufen will, so graue aus Strick. Ich kauf mir dieselben in Schwarz. Joa und heute Abend gehe ich zu Caro, ich penn heut bei ihr u wir schauen DVD. Das wird cool! Ich liiiiiiiiiiiiiiebe Komödien und Gruselfilme. Hier mal meine Top 3:

 ★ **KOMÖDIEN:**
Laughing out Loud (der von 2008 mit Christa Theret)
Freaky Friday
50 erste Dates

 ★ **GRUSELFILME:**
Scream
Ich weiß was du letzten Sommer getan hast
Final Destination

Haha wenn ihr LOL guckt wißt ihr auch gleich wie Chris aussieht: Er gleicht nämlich Jérémy Kapone :D

17:45

OMG ihr könnt euch vllt noch dran erinnern dass ich das übersinnliche Ritual mit dem Herz aus Papier unterm Kopfkissen ausprobiert hab, mit den Namen von Chris und mir drauf. Ja also was soll ich sagen: Als ich vorhin aus der Stadt nach Hause gekommen bin hab ich gesehen, dass meine Mum mein Bett gemacht hat! Zuerst hab ich mir nichts gedacht aber dann ist mir auf einmal eingefallen dass das

Papierherz ja im Bett gelegen hat! Das MUSS meine Mum gesehen haben! Ich hab mich fast gar nicht getraut unters Kopfkissen zu gucken! Ich hab noch gedacht das ist SO schlimm das KANN gar nicht passieren … Tja ich hebe das Kopfkissen hoch, mir war echt schlecht, und da lag das Papierherz! OMG Mama hat es gesehen!!!! Und wieder unters Kissen gelegt!!! Ich STERBE!!! Das ist mir SOOOO peinlich!!!

Ich hoffe, dass sie NIEMALS was dazu sagt! Eben sind wir uns kurz im Flur begegnet und da hat sie getan als wäre nichts. Zum Glück!!!
Bin ich froh dass ich gleich zu Caro gehe und bei ihr übernachte! Ich könnte meiner Mum heute nicht mehr ins Gesicht gucken! Das Ritual ist sowieso völliger Schwachsinn, ich hab noch kein einziges Mal von Chris geträumt. Ich hab das Papierherz weggeschmissen und voll paranoid mein ganzes Zimmer durchsucht, ob noch iwo was rumfliegt das keiner sehen darf. Auf alle Fälle denk ich heute dran mein Zimmer abzuschließen!!

TIPP DES TAGES:
NIEMALS iwas im Bett liegen lassen,
was euch peinlich ist!
Hade lan! <3

BLÖDE KUH

SONNTAG, 4.12., 18:10

Gestern hab ich bei Caro übernachtet. Gott sei dank war nur Caros Mutter da und die hat im Wohnzimmer TV geguckt und war total nett zu uns. Kein Ehekrieg also :) Joa und dann kamen noch Jessi und Aline. Aline ist eine Cousine von Caro und eig ganz ok aber Jessi war wie immer voll nervig. Manchmal ist sie auch echt eine falsche

Schlange. Sagt sowas wie „Ihr seid beide meine BFs" aber dann macht sie oft ziemlich fiese Sachen. Zum Beispiel redet sie in der Pause mit Caro und ich komm dazu aber sie bleibt so stehen, dass ich eig gar keinen Platz habe. Nja und gestern bei Caro wars wieder ähnlich. Wir quatschten so über unsere Lieblingsbands (vor allem Hot Summer) und Caro sagt, sie findet Evan am besten und Jessi brüllt, sie kriegt Jim und grinst total schadenfroh in meine Richtung und sagt: Tja, Betty kann ja Nelson haben. Nelson ist der hässlichste von den dreien. Nja ist ja eig egal, weil es ja sowieso klar ist dass keine von uns einen von denen kriegen wird, aber ich fands trotzdem total blöd. Joa und dann haben wir noch nen Film geguckt (den zweiten Twilight weil der soooo schön ist) und jedes Mal, wenn Edward aufgetaucht ist, hat Jessi gekichert und gesagt, von dem würd sie sich gern mal beißen lassen. JE-DES-MAL. Das war so unlustig wie nur was. Nja ich hatte dann iwann gar keinen Bock mehr und dann sind wir eingeschlafen. Ja und hier ist grade mein Dad in Adventsstimmung ausgebrochen, etzt dekoriert er das ganze Wohnzimmer mit iwelchen kitschigen Weihnachtsengeln u sowas. Das wars eig schon.

TIPP DES TAGES:
Um sich selbst die Adventszeit zu versüßen, den Adventskalender von den Geschwistern hinten auftrennen und die Schokolade selber essen :D
(den eigenen Kalender sicherheitshalber in eurem Zimmer einschließen)
Euer *Weihnachtsengel* Betty

NIKOLAUSSTRÜMPFE MONTAG, 5.12., 20:50

Eben hat Mama Nora und mich dran erinnert unsere Strümpfe in den Flur zu hängen. Heute ist ja Nikolausabend. Eig ist es ja ein bisschen kindisch, aber iwie find ichs auch cool dass wir das jedes Jahr machen.

22:38

Habe gerade gehört, wie Mama und Paps draußen die Strümpfe gefüllt haben. Da musste ich an früher denken und iwie bin ich plötzlich voll wehmütig und wär gern wieder ein kleines Kind. Wenn man klein ist, muss man sich noch keine Gedanken machen:

★ über irgendwelche Typen, die einen nicht bemerken
★ ob man noch in die Jeans passt, wenn man zwei Portionen Nachtisch isst
★ ob man zu den beliebten Mädchen in der Klasse gehört

Und es gibt noch so viele andere Dinge, die früher einfach nicht wichtig waren. Warum muss man eigentlich durch diesen ganzen Mist durch???
Mit 16 ist das ja dann wieder was anderes, da kann man viel mehr selbst bestimmen. 14 ist ein total unnötiges Alter. Einerseits ist man zu alt, um so naiv und unbeschwert zu sein wie ein Kind u andererseits ist man in den Augen der Erwachsenen für vieles noch zu jung. Die wissen sowieso ständig alles besser und da helfen auch keine Argumente.
Tja da sitzt Moritz, mein Stoffbär. Dem gehts iwie genauso.
Moritz hab ich schon seit ich ein Baby war. Er ist mittlerweile ziemlich zottelig und an manchen Stellen abgeschabt. Er ist genauso alt wie ich aber er sieht aus wie ein Kinderspielzeug und muss sich dauernd

von meiner kleinen Cousine in den Mund stopfen und besabbern lassen. Leider kann er sich nicht wehren. Tja der Arme hats auch nicht leicht :D

00:13

War so neugierig dass ich nachgeguckt hab was in meinem Nikolausstrumpf ist :D Joa also eine Menge Schokolade und ein lila Nagellack von Chanel! Den hab ich gesehen als ich mal mit meiner Mum in der Stadt war u sie sich in so ner Parfümerie Make-up gekauft hat. Ich fand den Nagellack total cool aber der war viel zu teuer für mich, ich glaub der kostet über 20 Euro! Voll süß von meiner Mum dass sie mir den gekauft hat!! :D Jetzt freu ich mich voll drauf morgen den Strumpf nochmal auszupacken :D Ich muss natürlich auf total überrascht machen, meine Eltern freuen sich nämlich wie die kleinen Kinder wenn Nora u ich vor Freude austicken :D

TIPP DES TAGES:
Wenn man sich mal auskotzen will und es keiner sieht, kann man mit dem Stoffbär reden.
Der hört wenigstens zu.

♥BETTYS BEAR♥

  WUNSCHLISTE   DIENSTAG, 6.12., 23:01

Heute habe ich meine Weihnachtswunschliste fertig gemacht. Es ist bei uns so ne Art Familientradition, dass Nora und ich am Nikolaustag unseren Eltern die Listen geben. Nja ich war eig schnell fertig, weil ich mir schon lange ein paar Sachen wünsche. Ja ich weiß ihr wollt bestimmt wissen was ich mir wünsche :) Hier meine Weihnachtswunschliste:

- ★ Neues Handy (ich will ein Smartphone!! Uäähh!!)
- ★ Silberner Ring mit rotem Stein
- ★ Die Winterstiefel die ich mit Caro im EKZ gesehen habe
- ★ Schwarzer Mantel von H&M
- ★ Eine Wii

Nja die Wii ist vllt bisschen übertrieben weil ich ja schon den Laptop zum Geburtstag u Weihnachten zusammen gekriegt hab aber wünschen kann ich sie mir ja trotzdem :D Noras Liste war auf jeden Fall voll übertrieben! Sie hat bestimmt 50 Sachen aufgeschrieben und dann hinter jede einzelne den ungefähren Preis und Internetadressen, wo man die Sachen bestellen kann. Nja mit besinnlichem Weihnachtsfest hat das nicht mehr viel zu tun. Eig find ich den Konsumwahn ja auch übertrieben aber andererseits liiiiiiiebe ich es Geschenke zu bekommen :D Was wünscht ihr so euch zu Weihnachten?
Und findet ihr den Konsumrausch an Weihnachten übertrieben oder ist es trotzdem ein besinnliches Familienfest?

TIPP DES TAGES:
Je weniger auf der Wunschliste steht, umso höher ist die Wahrscheinlichkeit, dass man viel davon kriegt (hoffe ich) :D

NORA HAT SICH GERÄCHT   MITTWOCH, 7.12., 7:05

… und meine ganzen Converse mit den Schnürsenkeln aneinandergeknotet!! Weil ich ihren Adventskalender geplündert hab! Joa jetzt darf ich hier versuchen ein Paar freizukriegen. Meine anderen Schuhe hat Nora nämlich verschwinden lassen, wahrscheinlich in ihrem Zimmer, das ist nämlich abgesperrt! WAHAHHAHAHHHA!!!!

MJAM :P   18:49

Draußen liegt Schnee. Ich liebe Schnee. Und ich liebe Weihnachtskitsch. Caro und ich waren auf dem Weihnachtsmarkt und haben uns Elchgeweihe gekauft :D Auf dem Rückweg vom Markt sind Caro und ich ein bisschen durchgedreht u haben den frischgefallenen Schnee von Autodächern geleckt :):) Jetzt hab ich zwar irgendwie Bauchweh aber es hat trotzdem voll viel Spaß gemacht und war soooooo lecker :)

TIPP DES TAGES:
Eis mit Schneegeschmack gibts im Winter kostenlos auf parkenden Autos.
Sagt satt
Eure Betty

MÄDELSABEND

DONNERSTAG, 8.12., 20:19

Heute haben Caro, Jessi und ich Handyvideos gemacht. Ich will vielleicht mal Sängerin werden und Caro und Jessi Schauspielerinnen. Ich habe Reason von Hot Summer gesungen (die beste Band der Welt *:D*). Als ich mir das Video angeschaut habe, fand ich es ganz gut. Finde meine Stimme gar nicht schlecht ok ich bin keine Rihanna aber ich finds okay. Vielleicht stell ich mal ein Video ein aber nur vielleicht, mal schauen ;D Caro meint ich soll mich mal bei Popstars oder so bewerben aber das würde ich nie machen. Bei meinem Talent für peinliche Situationen würde mir dort garantiert was superpeinliches passieren und das könnte dann auch noch die ganze Welt sehen!! Ich find sowieso dass da manche echt besser nicht hingehen sollten. Die meinen echt sie könnten singen und dann klingt es schrecklich. Nein danke :) Nja jedfalls haben Jessi und Caro für ihr Handyvideo eine Liebesszene gespielt. Caro spielte den Mann und sagte Jessi, dass er sie betrogen hat. Jessi ist heulend auf mein Bett gesunken und hat gewimmert warum, warum, was hab ich bloß falsch gemacht! Wir haben uns krankgelacht. War eig ganz lustig aber Jessi ist mir mal wieder die ganze Zeit auf den Keks gegangen. Ich glaub sie ist eifersüchtig auf mich oder sowas. Total bekloppt. Jedenfalls kann sie nicht besonders schauspielern. Es hat voll unecht gewirkt aber das hab ich ihr nicht gesagt. Soll sie sich doch bei der Theatergruppe bewerben und blamieren!

Mir gehts jedfalls ziemlich auf die Nerven dass sie so oft dabei ist wenn ich mit Caro was mache. Sie rennt Caro wie ein Hund hinterher. Obwohl, ein Hund hat bestimmt mehr Stolz als Jessi :/

TIPP DES TAGES:
Wenn ihr einen Song aufnehmt, haltet euch beim
Singen keine Flasche oder so als Mikro vor den Mund.
Sieht total affig aus, hab ich gemerkt :/
Eure Betty

  WICHTELN   FREITAG, 9.12., 15:10

Heute in der Schule hat unsere Klassenlehrerin gemeint wir könnten ja dieses Jahr wieder wichteln. Das haben wir letztes Jahr schon mal gemacht. War eig ganz lustig, aber es kommt auch immer ziemlich drauf an wen man zieht. Für manche fällt einem ja gar nichts ein. Nachher ziehe ich noch Tamara! Nja dieser Oberzicke würd ich nen Hundehaufen in Goldpapier packen :D Tja dieses Jahr haben Caro, Jessi, Aline u ich eine geniale Idee gehabt und unsere Namen auf rosa Papier geschrieben, damit wir uns gegenseitig ziehen können, aber natürlich hats unsere Klassenlehrerin gemerkt u wir mussten die Zettel noch mal neu schreiben :/ Ja und dann hab ich ausgerechnet Marco gezogen, suuuuupi *Ironie*. Nja jetzt kriegt er eben die Rache für die Aktion mit der Plastikspinne zu meinem Geburtstag :D
Joa und heute Mittag hab ich was im Fernsehen geguckt, da ging es um ein Mädchen das Sängerin werden wollte. Ihre Mutter ist mit ihr zu einem Produzenten gegangen. Sie hat so falsch gesungen dass es echt peinlich war, aber sie fands natürlich total cool u der Produzent oder wer das war meinte so ja, aus ihr wird mal voll der Megastar. Und die ganze Zeit war ihre Mutter dabei u hat sich eingemischt u gemeint, wie stolz sie ist. Ich find solche Sendungen saulustig aber ich frag mich echt wo sie diese komischen Leute herholen die sich da filmen lassen. Ich meine haben die keine Freunde die ihnen sagen, dass sie

sich besser nicht im TV zum Deppen machen? Nja jedenfalls hab ich mir dann Gedanken gemacht, die ich euch nicht vorenthalten will: Was meint ihr, ist es okay von der Mutter, ihre Tochter zu begleiten weil sie ihr den Erfolg wünscht? Oder sollte sie lieber ihrer Tochter sagen, dass sie sich nur zum Affen macht und besser was anderes machen sollte?

TIPP DES TAGES:
Wenn ihr auf Rache sinnt: Immer mit der Ruhe, euer Tag wird kommen :D
Einfach warten wie die Spinne im Netz.
Eure Rachegöttin Betty ;D

GESCHENKELISTE

SAMSTAG, 10.12., 12:03

MEINE WEIHNACHTSGESCHENKELISTE FÜR DIE FAMILY:

★ Meine Mum bekommt wahrscheinlich einen Schal den ich in der Stadt gesehen habe. Er ist grün mit silbernen Pailletten.

★ Für meinen Dad ist es echt schwierig was zu finden. Als ich klein war haben Nora und ich ihm jedes Jahr eine Krawatte geschenkt. Meistens waren das quietschbunte Dinger, die uns Kindern super gefallen haben. Paps hat sie auch brav angezogen, aber vor ein paar Jahren hat Nora rausgefunden dass er sie auf dem Weg zur Arbeit immer ausgezogen hat. Sie ist draufgekommen als er sie mal von wo abgeholt und sie am Handschuhfach rumgespielt hat. Da lagen ein paar Krawatten drin. Zuerst wollte er nicht mit der Sprache rausrücken, aber Nora war damals schon 13 und da hat er es ihr gebeichtet. Ich finds ja iwie süß dass er das für uns gemacht hat :) Nja aber ich hab keinen Plan was ich ihm schenken könnte. Ich frag mal Nora.

★ Tja was ich Nora schenke weiß ich auch noch nicht genau, ich glaub iwas zum Schminken, Lippenstift oder so.

★ Oma Barbara kommt an Heiligabend auch immer zu uns und ihr schenke ich wahrscheinlich mit Nora zusammen eine Wärmedecke.

★ Oma Alice und Opa John: Mal schauen, die beiden stehen auf Kitsch, vllt find ich was auf dem Weihnachtsmarkt.

So jetzt geh ich ins Bett und träum von tausend Sachen, die mich glücklich machen …. Tschöööööö bis morgen!

> **TIPP DES TAGES:**
> Wenn euch gar nichts einfällt, was ihr schenken könnt, schaut mal bei euren eigenen Sachen. Vielleicht ist ja was dabei was ihr nicht mehr braucht ;D
> <3 Eure Betty

CARO: hi weißt du schon was du für das wichteln kaufst?
BETTY: nee überlege grade. hast du dir schon was für die bescheuerte zicke überlegt? schon krass dass ausgerechnet du tamara ziehst. du arme!

CARO: am liebsten würd ich der iwas fieses kaufen, hab aber keine ahnung was
BETTY: iwas wo sie erschreckt wenn sies aufmacht, dann denkt sie bestimmt, es war einer von den jungs ☺
CARO: nja so kann ich ihr wenigstens eins reindrücken ☺
BETTY: wir sind ja heute mal gar nicht fies ☺
CARO: ist sie doch selber schuld die eingebildete kuh
BETTY: ja hast recht. ich habs! ich glaub ich kauf marco nen playboy ☺
CARO: oh mann das wär so cool ☺ aber das findet die neuberger bestimmt nicht so klasse
BETTY: nja woher soll die wissen wers war?
CARO: stimmt ja, dann mach das doch echt! und was mach ich mit tamara?
BETTY: hab keinen schimmer … können ja am montag zusammen shoppen gehen hast du lust?
CARO: klar!
BETTY: ok ich mach jetzt mathe weiter *würg*
CARO: ich kapier in mathe grad gar nichts … geh jetzt mit meiner mama einkaufen
BETTY: oki bis dann! hau rein!
CARO: du auch! hade ☺

FAMILY-DAY

SONNTAG, 11.12., 20:09

Heute war Family-Day angesagt. Meine Mama hat darauf bestanden, dass wir mal wieder alle zusammen was machen, als Familie. Sie war, glaub ich, die einzige, die die Idee gut fand :D Mein Paps lag faul im Sessel rum und sah aus als wollte er gern da liegen bleiben u Fußball gucken (da ist er echt ein typischer Engländer, total fussballverrückt :D). Nora wollte eig zu ner Freundin u ich wollte in Ruhe im Bett liegen u nix machen. Das hab ich mir echt verdient :D Aber meine Mama meinte wir haben schon so ewig nichts mehr sonntags unternommen. Nja eig hat sie recht und wir sind dann schließlich in irgendein Kaff mit Fachwerkhäusern gefahren, wo meine Eltern sich (und uns) über die tolle Architektur totgequatscht haben. Danach waren wir noch bei Oma Barbara, das war ganz okay weil dort ausnahmsweise mal Mama wie ein kleines Kind behandelt wird und nicht ich :D Joa und meine süße Oma hat mir 20 Euro gegeben! Find ich echt korrekt :D Nja mal schauen was ich damit mache vllt ein neues Top oder ich spare es für ne Jeans oder so. Jetzt chille ich ein bisschen u lese Zeitschriften.

TIPP DES TAGES:
Wenn man Omis hat, die ab und zu was springen lassen, dann lohnt sich auch ein Family-Day :D

FLIRTENDE FELI UND
BEZAUBERNDE BETTY :P

MONTAG, 12.12., 23:01

Heute war ich mit Caro u Jessi shoppen für die Wichtelaktion. Jessi hat Nadine gezogen, das war superleicht weil Nadine voll auf Mangas steht und Jessi hat nen Manga-Schlüsselanhänger gekauft. Ich wollte ja für Marco nen Playboy kaufen, das wär ihm bestimmt saupeinlich den in der Klasse auszupacken, haha! :D Wir waren dann in nem Zeitschriftenladen u haben an der Kasse voll gekichert weil das so lustig war wie wir Mädchen da mit nem Playboy anrücken. Tja die Verkäuferin hat uns den Playboy aber nicht verkauft weil man da 16 sein muss, das war dann voll peinlich für uns weil sie den Ausweis sehen wollte und dann hat sich noch so ne Oma eingemischt und gesagt, dass wir unmöglich sind und so. Wir sind dann lieber schnell rausgegangen. Caro meinte ist aber kein Problem, ihr Bruder Consti hat ne ganze Sammlung von Playboys und sie klaut ihm einfach die neuste Ausgabe, die kann ich dann für Marco nehmen. Ist ja eig voll fies den Bruder zu beklauen aber Caro ist total sauer auf Consti weil er iwie nie was gegen ihren Vater sagt, obwohl wegen ihm gerade die Familie voll in der Krise steckt. Tjaaaa jedenfalls Caro hatte ja Tamara gezogen u wir haben lange überlegt was wir für die eingebildete Kuh kaufen. Am liebsten würde man ja mal was total fieses machen ...
Wir sind planlos rumgelaufen und dann ist uns plötzlich eingefallen was Caro ihr kaufen kann: nen Taschenspiegel, damit sie sich noch mehr bewundern kann :D:D Ich hoffe sie versteht die Ironie aber bin mir nicht sicher weil sie dafür vllt zu blöd ist.
Später hab ich mit Feli gephont u Feli meinte wir könnten ja auch mit unseren Leuten wichteln, weil sie das cool findet und in ihrer Klasse machen sie das nicht. Dann haben wir zusammen ne Folge „Bauer sucht Frau" geguckt und dabei weitertelefoniert, war voll lustig. Schaut ihr das auch? Die haben da immer so komische Umschreibungen

für die Leute die bei den Sendungen mitmachen, sowas wie „der anständige Albert" oder „der romantische Robert" u sowas :D:D Wir haben uns totgelacht u uns selber für uns solche Namen ausgedacht: „die flirtende Feli" u „die bezaubernde Betty" und sowas. (In Gedanken hab ich für Chris „der charismatische Chris" erfunden, habs Feli aber nicht gesagt :):) Oh mann wenn man verliebt ist ist man schon irgendwie peinlich drauf :D)

Tja iwann kam meine Mum rein u meinte, es reicht jetzt mit tel., weil wir schon über 1 ½ Std gephont hatten! So jetzt hör ich auch mal auf, muss noch ein paar Hip-Hop-Schritte für unsere Choreo morgen üben.

TIPP DES TAGES:
Zusammen mit der BFF „Bauer sucht Frau" am Phone gucken u sich dabei coole Namen ausdenken.
Sagt „die bezaubernde Betty" ;D

 **IWIE DOOF** DIENSTAG, 13.12., 22:08

Heute sind meine Hip-Hop-Trikots in L gekommen! Die Sachen passen perfekt und sehen richtig cool aus, bin voll happy :):) Ich finds zwar blöd dass ich L bestellen musste, aber die Trikots von der Firma fallen wohl superklein aus, hab gesehen dass Caro auch L hat und die ist echt schlank. Da war ich wieder beruhigt ;)
Die Choreo hat auch ziemlich gut geklappt u Gina meinte wenn wir so weitermachen können wir nächstes Jahr bei nem Regionalwettbewerb starten!
Ich war heute ein bisschen neidisch auf Caro, weil sie so superhübsch ist. Das wäre ich auch gern. Eigentlich ist es ja gemein, auf die beste Freundin neidisch zu sein. Aber es ist ja nicht so dass ich es Caro nicht gönne nur wär ich halt manchmal gern genauso hübsch. Meine Augen sind ja ganz schön, sie sind so blaugrau und je nachdem, wie das Licht reinfällt, mal mehr grau und mal mehr blau. Aber meine Haut ist z.B. grad mal wieder voll die Katastrophe, total trocken, keine Ahnung warum. Außerdem hat Caro mittlerweile nen richtigen Busen u bei mir tut sich iwie GAR NICHTS. Nja ich geh mich jetzt mal eincremen und dann lese ich noch die neue GirlsOnly. Vielleicht sind da Tipps drin, wie man nen größeren Busen kriegt :D Tschöööö bis später oder morgen iwann!

 TIPP DES TAGES:
Wenn ihr auch findet, dass eure Freundinnen hüscher sind, sucht mal im Netz nach Kinderfotos von Stars. Manche haben echt übel ausgesehen u jetzt sind sie total schön.
Rät euer hässliches Entlein
Betty

AAAAAUUUUUTSCH MITTWOCH, 14.12., 20:21

Heute war Feli hier u wir haben nen Beautynachmittag gemacht. Zuerst haben wir uns eine Gesichtsmaske selbst gemacht, mit Joghurt und Honig. Das Rezept war in der GirlsOnly und die Maske soll die Haut streichelweich machen. Es hat auch richtig gut funktioniert. Meine Haut war gleich total schön und ich bin happy weil ich morgen Chris sehe und dann gut aussehe :):) Dann haben Feli und ich uns gegenseitig die Augenbrauen gezupft. Wie es geht haben wir auch in der GirlsOnly gelesen: Man legt einen Bleistift an den Nasenflügel so an, dass er am Innenwinkel des Auges vorbei hochgeht. Da sollte die Augenbraue anfangen. Dann muss man den Bleistift oben verschieben bis er am Außenwinkel des Auges vorbeiläuft, da soll die Augenbraue aufhören. Ich hab bei Feli angefangen. Das Anlegen des Bleistiftes war kein Problem. Ich hab mit Filzstift Punkte gemacht bis wohin ich zupfen muss und dann losgezupft. Genau wie es in der Zeitung stand: mit der Wuchsrichtung, damit die Wurzel leichter rausgeht. Feli sagte das tut sauweh aber sie musste voll lachen. Ja das Problem war dass nachher die linke Augenbraue iwie anders aussah als die rechte, iwie war der Bogen dann an ner anderen Stelle. Aber Feli meinte sie malt die Lücke mit nem Augenbrauenstift aus bis die Haare nachgewachsen sind :D Wahahaha bin froh dass Feli weiß wie man solche Fehler ausbügeln kann und sie nicht sauer auf mich ist!

TIPP DES TAGES:
Wenn ihr euch die Augenbrauen zupft, malt VORHER mit nem Augenbrauenstift auf, wie es aussehen soll. Dann erlebt ihr keine böse Überraschung. Und reibt vorher mit einem Eiswürfel drüber, dann tuts nicht so weh.
Eure Betty

SO NE VILLA IST SCHON COOL

DONNERSTAG, 15.12., 20:00

Heute war ich mit Caro, Jessi, Feli u Ivo bei Zwieback. Seine Eltern haben ein ziemlich cooles Haus, Zwieback hat zwei Zimmer u ein eigenes Bad und nen eigenen Flatscreen im Zimmer! Voll der Luxus. Keine Ahnung was seine Eltern beruflich machen aber die sind bestimmt Millionäre. Feli hat ihre Idee mit dem Wichteln verkündet u das fanden alle cool. Wir haben gleich Zettel geschrieben und ich hab Feli gezogen u war erleichtert, weil ich echt nicht gewusst hätte was ich Ivo oder Zwieback kaufen sollte, keine Ahnung. Jeder darf maximal 5 Euro ausgeben u da wär mir echt nichts eingefallen. Für nächsten Freitag haben wir uns wieder verabredet. Zwieback meinte dass da irgendein Radiosender eine Weihnachtsdisco in der Stadthalle veranstaltet, da wollen wir auf jeden Fall hin. Freu mich schon. Vielleicht ist Chris auch da … wäre cool weil ich ihn sonst die ganzen Ferien nicht sehe.

Und vor der Disco wollen wir wichteln :):)

> **TIPP DES TAGES:**
> Millionärssohn angeln. Eigenen Flatscreen,
> zwei Zimmer und eigenes Bad inklusive.

WICHTELN FREITAG, 16.12., 14:04

Heute haben wir in der Schule gewichtelt. Ich hatte mich schon auf Marcos Gesicht gefreut wenn er den Playboy sieht :D Haha er ist auch voll rot geworden! :D:D Es war ihm superpeinlich u er hat die ganze Zeit versucht rauszufinden, von wem der Playboy ist, aber er hats nicht gepeilt :D Joa dafür hab ich ne Packung Klopapier gekriegt. Die war bestimmt von Kurt weil er so hibbelig drauf gewartet hat dass ich auspacke. Nja ich fands eigentlich gar nicht soooooo schlimm sondern eher lustig. Marcos Playboy war jedenfalls peinlicher :D
Jetzt hör ich auf zu bloggen u geh mit meinen Leuten eislaufen. Tschööööööööööö!

> TIPP DES TAGES:
> Wer austeilt, muss auch einstecken können.
> <3 Eure Betty

BALD IST WEIHNACHTEN

SAMSTAG, 17.12., 21:54

Heute war ich mit Feli, Caro, Jessi, Ivo und Zwieback auf dem Weihnachtsmarkt. Wir sind einfach so rumgelaufen und haben über ein paar Leute gelästert aber nicht so fies, ist ja bald Weihnachten :):) An einem Stand haben wir uns Waffeln geholt. Tja fataler Fehler, ich kenne mich ja, Miss Peinlich hat zwei linke Hände und ein unschlagbares Talent sich in Situationen zu bringen wo man am liebsten im Boden versinken würde! Caro u Feli haben Waffeln mit Puderzucker genommen u ich wollte welche mit Kirschen. Sahne wollte ich keine, tja aber dann hab ich gemerkt warum das wohl besser gewesen wäre. Dann hätten die Kirschen nämlich in der Sahne gesteckt. So sind sie mir aber beim Reinbeißen entgegengekullert u bevor ich iwas machen konnte hatte ich die Kirschen schon auf meinem Schal und dann sind sie ganz runtergefallen, natürlich erst noch über die Jacke, joa und dann hab ich ausgesehen wie ein Kleinkind das mit dem Löffel in den Kirschbrei gehauen hat! Ivo hat ein paar Servietten geholt u der Typ vom Waffelstand hat sie mir nass gemacht, damit ich mich abwischen konnte. Total peinlich!! Beim nächsten Mal esse ich jedfalls bestimmt keine Waffeln mit Kirschen mehr! Joa und dann habe ich noch ein paar Weihnachtsgeschenke gekauft. Für Mama eine Duftkerze, die kriegt sie mit dem Schal und für Oma und Opa in England so ne Drehdose die Weihnachtslieder spielt. Oma Alice und Opa John stehen auf so nen Kitsch. Als sie das letzte Mal hier waren, haben sie ne Deutschlandtour gemacht und sich in Berlin ziemlich hässliche Plastikfiguren vom Brandenburger Tor gekauft und in München einen kleinen Bierkruganhänger vom Hofbräuhaus. Caro hat für ihre Mutter eine Seife gekauft die nach Zimt duftet und meinte, ihrem Vater schenkt sie gar nichts, weil er nichts verdient hat. Zwieback hat

Caro immer wieder so von der Seite angeguckt aber sie hat ihn voll ignoriert. Tja falscher Zeitpunkt sie hat grade überhaupt keinen Bock auf Typen.

> TIPP DES TAGES:
> Waffeln entweder nur mit Puderzucker oder mit Kirschen UND Sahne essen, wenn man sich nicht total einsauen möchte!

ANTIWEIHNACHT :D:D   SONNTAG, 18.12., 12:33

Wir sollen für Deutsch morgen unser Lieblings-Weihnachtsgedicht raussuchen. Nja ich find die meisten Weihnachtsgedichte superkitschig u ich finds überhaupt ne bescheuerte Aufgabe. Keine Ahnung warum wir das machen sollen. Jedfalls hab ich eins gefunden das find ich ganz cool, bin mal gespannt was die Neuberger dazu sagt :D Hier ist es:

ANTIWEIHNACHT

Gespannt blinzle ich durch das Schlüsselloch,
da sehe ich plötzlich mein Geschenk.
Meiner Mutter schenke ich einen teuren Teller von Villeroy und Boch,
meiner kleinen Schwester den Maulwurf Henk.

Nun wird geklingelt das kleine Glöckchen,
weshalb wir gehen in den Raum,
Mutter singt voll Glück „Schneeflöckchen, Weißröckchen",
ist in meinem Geschenk die Konsole die ich mir erhoffe kaum?

Nun, die Präsente werden geöffnet,
wobei mein Vater bekommt neue Socken,
ich, noch gar nicht fröhlich, reiße die Hüllen,
meine Schwester, uninteressiert, sieht Filme, die schocken,
(und das völlig unerschrocken.)

Da ich wickle aus weiter in dem festlichen Raum,
ich sag: „Ach, das wär doch nicht nötig gewesen",
ganz entpackt entdecke ich dann einen neuen Jackensaum,
plötzlich ich werde kratzig wie ein Besen.

Ich schleuder heraus das Ding aus dem Fenster,
mein Vater, so böse über jene Undankbarkeit,
nimmt das Deo vom Opa und sprühet mich voll gar finster,
verklebt werden die Lungen, weil es wurde überschritten die Haltbarkeit.

So ich huste und verrecke und ersticke,
meine Mutter aber, nun gerächt,
sieht mich nur an mit garstigem Blicke.

Der Opa, jetzt erzürnt über den Verlust seiner Deodose,
nimmt sich ne Granate aus der Waffenhose.
Diese zündet er geschickt,
als es verdächtig klickt
und ein lauter Knall, zu hören bis ins Weltall,
ertönt.

Asche und Trümmer liegen verteilt,
niemand den Friedhof beseitigen will,
jedoch der Saum unbeschadet hier verweilt,
und die heil'ge Nacht ist wieder still.

© Marc Brunder, 2005

TIPP DES TAGES:
Wenn euch Weihnachtsgedichte zu den
Ohren rauskommen: Antiweihnachtsgedichte
lesen (oder selber welche schreiben) ;D
<3 Eure Betty

 **KEEEEEEEKSE!!**   MONTAG, 19.12., 21:49

Heute war ich bei Caro. Jessi war auch da. Wir haben Plätzchen gebacken u dabei die Hot Summer-CD gehört, die Nora mir geschenkt hat. Wir hatten kleine Förmchen und haben Herzen, Sterne und Glocken ausgestochen. Wir haben auf alle Kekse mit so nem Schokostift die Buchstaben J, E und N geschrieben (für Jim, Evan und Nelson). Auf die herzförmigen kam ein E, weil Evan der süßeste von den dreien ist. Auf die Sterne kam J für Jim, weil der noch geht und Nelson hat die Glocken mit nem N drauf gekriegt, weil er der hässlichste von den Hot Summers ist. Dann haben wir rumgealbert: Ich hab gesagt ich krieg Evan und Caro Jim und Jessi Nelson u dann war Jessi echt beleidigt und Caro brüllte: Evan for Caroline!, da ist Caros Bruder Constantin gerade in die Küche gekommen. Er hat gefragt, ob wir sie noch alle haben, und Caro hat gekreischt: Nee, nur Evan, die anderen beiden kannst DU haben!

Ja ich weiß manchmal sind wir echt voll kindisch :D Macht aber nichts manchmal ist das echt lustig. Jetzt geh ich schlafen! Gute Nacht.

TIPP DES TAGES:
Wenn ihr Plätzchen backt, füllt den Teig zum Rühren in eine HOHE Schüssel. Wenn ihr ne niedrige nehmt, dürft ihr nachher die ganze Küche putzen :D
Rät aus gegebenem Anlass
Eure Betty

DIENSTAG, 20.12., 20:20

Meine Eltern sind SO fies! Ich darf am Freitag nicht zu der Weihnachtsdisco!! Und ratet mal, warum: wegen dem Jugendschutzgesetz!! Wie ich dieses Wort hasse! Wer kommt denn auf so nen Scheiß??? Ich war total sauer und hab meinem Dad gesagt, dass in diesem bescheuerten Jugendschutzgesetz drinsteht dass ich bis 23 Uhr weggehen darf, wenn ich dort was verzehre. Das hab ich mal iwo gelesen. Aber dann hat mein Dad das ganze Ding ausgedruckt und mir gezeigt, und da steht – haltet euch fest –:

> § 5 Tanzveranstaltungen
> (1) Die Anwesenheit bei öffentlichen Tanzveranstaltungen ohne Begleitung einer personensorgeberechtigten oder erziehungsbeauftragten Person darf Kindern und Jugendlichen unter 16 Jahren nicht und Jugendlichen ab 16 Jahren längstens bis 24 Uhr gestattet werden.

Das, was ich gelesen hatte, bezieht sich nur auf Gaststätten, nicht auf Discos!! Aber darunter stand noch was, das habe ich meinem Vater gezeigt:

> (2) Abweichend von Absatz 1 darf die Anwesenheit Kindern bis 22 Uhr und Jugendlichen unter 16 Jahren bis 24 Uhr gestattet werden, wenn die Tanzveranstaltung von einem anerkannten Träger der Jugendhilfe durchgeführt wird oder der künstlerischen Betätigung oder der Brauchtumspflege dient.

Mein Vater meinte, man kann ja wohl einen Radiosender nicht als anerkannten Träger der Jugendhilfe sehen, das sind nur solche Sachen wie Jugendzentren und so. Ich hab gesagt, es dient der künstlerischen

Betätigung, was soll Tanzen denn anderes sein. Das wollte er nicht einsehen. Eben hab ich mit Caro telefoniert und die darf hingehen! Bis um 23 Uhr. Oh Mann ich will unbedingt dort hin!! Garantiert geht Chris auch hin und wenn ich hier zu Hause rumsitzen muss während er dort ist krieg ich die Krise! Für die Disco könnte ich mich mal richtig zurechtmachen und dann würde er vielleicht sehen dass ich alt genug für ihn bin. Nja ich bring morgen mal den Müll raus und bin liebe Tochter und dann rede ich noch mal mit Mama, vielleicht lässt sie mich ja doch wenn sie weiß dass Caro darf.

TIPP DES TAGES:
Jugendschutzgesetz gründlich lesen und
sich gleich Gegenargumente ausdenken.
Empfiehlt dringend
Eure schwer angeschlagene Betty

 JAAAAAAAAAAAAAA!!!!   MITTWOCH, 21.12., 20:21

Jaaaaa!!! Meine Mama ist die Beste!!! Ich darf doch zu der Weihnachtsdisco! Ich muss zwar um 22 Uhr zu Hause sein aber Ivo auch und er hat gesagt er bringt mich heim u das ist für meine Eltern ok! Freu mich voll :):)

TIPP DES TAGES:
Heute müsst ihr euch selbst einen ausdenken,
ich kann grad nicht, bin zu happy :):)

WICHTEL UNTERWEGS

DONNERSTAG, 22.12., 21:00

Heute war ich mit Caro die Wichtelgeschenke kaufen. Für Feli habe ich einen goldenen Lidschatten gekauft für 3,99, der passt bestimmt supergut zu ihren braunen Augen. Caro hatte Zwieback gezogen und erst keinen Plan was sie ihm schenken soll. Dann haben wir aber ne CD von Neverland gefunden (auf die steht Zwieback), die war im Angebot für 5 Euro. Ja und morgen gibts endlich Ferien und abends ist die Weihnachtsdisco! Bin schon sooo gespannt darauf! Hab mir eben bei Caro noch ein paar Klamotten ausgeliehen. Sie hat mir sogar ihre neue Jeans mitgegeben, weil sie meinte wenns mir wegen Chris so wichtig ist soll ich sie ruhig haben! Voll süß von ihr! Ich finde auch dass sie mir echt gut steht auch wenn ich sonst nur dunkle Jeans trage und keine hellblauen. Ja weiß nur noch nicht was ich zu der Jeans anziehen soll. Nja mal sehen Caro u Feli kommen vorher vorbei dann beraten wir uns :) Drückt mir die Daumen wegen Chris!!!

TIPP DES TAGES:

Wenn ihr ein besonderes Outfit braucht und gerade pleite seid, leiht euch was von der ABF, was ihr vielleicht sonst nicht tragen würdet. Man fühlt sich gleich besser :)
<3 Eure Betty

WEIHNACHTSDISCO

FREITAG, 23.12., 23:04

Ich bin zwar todmüde aber ich schreib noch schnell wie der Tag so war. Wir hatten heute ja nur drei Stunden weils Ferien gab und da macht eh kein Lehrer was. War also ein ziemlich chilliger Schultag. Und ich hab mich den ganzen Tag voll auf die Weihnachtsdisco ge-

freut. Ich fand es aber immer noch total bescheuert dass ich so früh nach Hause musste wie ein kleines Kind. Es wurde auch erst richtig voll, als ich schon wieder gehen musste. Caro und Feli konnten ein bisschen länger bleiben weil Caros Eltern grade viel zu sehr mit sich selbst beschäftigt sind und sich nicht viel drum kümmern was Caro treibt u Felis Eltern sind lockerer drauf als meine. Zwieback ist auch noch geblieben, der steht ja auf Caro u hat wahrscheinlich immer noch die Hoffnung nicht aufgegeben, der arme Kerl ;D
Es ist echt so blöd wenn die Eltern Lehrer sind. Sie meinen immer sie müssten alle Gesetze befolgen weil sie ja Vorbilder sind und so, dabei interessiert dieses blöde Jugendschutzgesetz doch echt NIEMANDEN. Bei der Disco wars so voll das wär keinem aufgefallen, und es hat überhaupt keiner kontrolliert und manche waren da, die waren garantiert jünger als ich und sind länger geblieben. Nja aber iwie wars mir dann auch egal weil CHRIS NICHT DA WAR :(Joa ihr habt richtig gelesen, Chris war nicht da :(Ich bin sooo enttäuscht weil ich mir soviel Mühe gegeben hab mit meinem Outfit und jetzt war alles umsonst. Und außerdem seh ich ihn jetzt erst nach den Ferien wieder :(Nja wenigstens war ich nicht die einzige die um 22 Uhr nach Hause musste. Ich fand es echt voll süß dass Ivo mich nach Hause gebracht hat. Mit ihm kann man sich ganz normal unterhalten, er ist iwie viel erwachsener als die Jungs aus meiner Klasse. Er hat auch gemerkt dass ich nicht so gut drauf war und gefragt was ich habe aber ich habs ihm natürlich nicht gesagt. Aber der Wille zählt :) Ich mag ihn richtig gern :) Ach ja und wir haben ja vor der Disco noch gewichtelt u ich hab nen coolen Nagellack gekriegt, Hammerfarbe! Ich wüsste ja gern von wem der ist … *rätsel* … von Caro kann er nicht sein, die hatte ja Zwieback gezogen, und Feli hat Jessi gehabt und Jessi Ivo. Tja also bleiben ja nur Zwieback und Ivo. Also wars auf jeden Fall ein Junge der mir den Nagellack gekauft hat u das find ich

iwie voll süß :D Jetzt muss ich mir noch schnell die Nägel lackieren auch wenns schon so spät ist!

Ach ja aber eins muss ich doch noch schreiben: Tamara war natürlich auch in der Disco! Sie war voll übertrieben angezogen, das war echt schon peinlich. Sie hatte ein Top an das so tief ausgeschnitten war dass man ihren BH gesehen hat (ein roter Push-up) und dazu einen Minirock und hohe Stiefel mit Megaabsätzen. Beim Tanzen ist sie immer umgeknickt, das war so peinlich u wir haben uns voll weggelacht! :D Tja aber iwie schafft sie es dass die Jungs auf sie abfahren. Als Ivo u ich gegangen sind stand sie am Rand und knutschte mit einem Typ der bestimmt schon 16 war. Die hat es wohl echt nötig, wie peinlich ist DAS denn. Finde ich zumindest. Sogar Ivo hat gesagt, dass kein Junge eine Freundin will, die schon mit 1000 anderen rumgeknutscht hat. So jetzt hör ich auf, bin todmüde aber die Nägel muss ich noch lackieren :):)

TIPP DES TAGES:
Keine hohen Absätze anziehen,
wenn man nicht drin laufen kann :):)
<3 Eure Betty

OH DU FRÖHLICHE   SAMSTAG, 24.12., 23:12

Heiligabend ist bei uns eigentlich jedes Jahr ziemlich gleich. Morgens steht jeder auf wann er will. Mama und Paps haben nämlich zum Glück auch keinen Bock auf Stress an den Feiertagen und das ist echt gut :):) Nja jedenfalls macht sich dann jeder sein Frühstück selber. Ich hab heute zwei Nutella-Toasts mit Dosenananas drauf gegessen. Keine Ahnung warum als ich die Dose gesehen hab, hatte ich plötzlich richtig Lust drauf :D Später haben unsere Eltern das Essen vorbereitet, während Nora und ich den Baum geschmückt haben. Meine Eltern haben einen Sammeltick mit Christbaumschmuck, sie kaufen jedes Jahr auf irgendeinem Weihnachtsmarkt eine neue Kugel oder sowas. Deswegen ist unser Baum immer ziemlich bunt. Tja und dann hat mein liebes, doofes Kätzchen Puschel das ganze Lametta, das zu weit unten hing, zerkaut :/ Zum Glück hatte er wohl noch keins gefressen, als ichs bemerkt hab! Zumindest ist er nicht krank geworden. Danach hab ich die Geschenke für meine Family eingepackt und um 18 Uhr haben wir gegessen. Es gab eine Mischung aus deutschen und englischen Sachen und als Nachtisch Eistorte. Ich LIEBE Eistorte :):)

Vor der Bescherung wird bei uns immer Musik gemacht: Ich spiele Gitarre, Nora Percussion, und wir alle singen Weihnachtslieder. Wir singen jedes Jahr:

★ Oh Tannenbaum
★ Stille Nacht, heilige Nacht

Und dann noch ein paar englische Lieder:

★ We wish you a merry Christmas
★ Have yourself a merry little Christmas
★ Silent night, holy night

Das ist Stille Nacht, heilige Nacht auf Englisch, das mag ich besonders gern, weil es mich an Weihnachten erinnert als ich noch klein war.

Joa und dann endlich Bescherung!! Ich hab total viele schöne Sachen bekommen:

VON MEINEN ELTERN:
★ den schwarzen Mantel, den ich mir gewünscht habe
★ einen silbernen Ring
★ zwei Bücher
★ Parfüm
★ einen blauen Fransenschal
★ Bettwäsche

VON NORA:
★ einen Beutel mit Make-up-Sachen

VON OMA ALICE UND OPA JOHN KAM EIN PÄCKCHEN:
★ ein Schmuckkästchen und darin ein Paar Sternchenohrringe

Dann sind wir noch zu meiner Oma gefahren, also der, die hier in Deutschland lebt und von ihr hab ich die Winterboots bekommen, die ich mir gewünscht hab *freu* Ja und weil eure Miss Chaos auch an den Feiertagen aktiv ist, gabs bei Oma Barbara dann noch einen klitzekleinen Zwischenfall mit der Heizdecke die Nora und ich ihr geschenkt haben ... Wir hätten mit dem Ding fast die Bude abgefackelt, aber es ist alles gut gegangen, war nur ein Kissen angeschmort :):)
Später sind wir in die Mitternachtschristmette gegangen, das war iwie voll feierlich und ich fands echt schön. Obwohl ich eig selten in die Kirche gehe, nur an Feiertagen. Ich finde die Kirchenmusik immer so schön, diesmal hatte ich sogar Gänsehaut :)
Jetzt geht Miss Chaos ins Bett, bin todmüde.

TIPP DES TAGES:
Wenn ihr eurer Oma ne Heizdecke schenkt und sie die gleich ausprobiert, nicht vergessen, irgendwann auch wieder den Stecker zu ziehen :D:D
<3 Ich wünsche euch allen Frohe Weihnachten!
Ciao eure Betty

ERSTER WEIHNACHTSFEIERTAG
SONNTAG, 25.12., 23:10

Bei uns ist Weihnachten immer ein richtiges Familienfest. Heute waren wir noch mal bei Oma Barbara zum Kaffee. Wo meine Oma wohnt ist es ziemlich ruhig und ihr Haus steht gleich am Feld, u iwie hatten Nora u ich keinen Bock mehr da rumzusitzen u sind dann übers Feld gelaufen. Da hat Nora mir erzählt dass sie seit ein paar Wochen einen Freund hat! Sie war ein halbes Jahr Single und jetzt ist sie seit ein paar Wochen mit einem zusammen, den sie auf der Party von einer Freundin kennengelernt hat. Nora meinte sie ist voll verknallt und sie hat mir sein Weihnachtsgeschenk gezeigt: einen BH von Playboy! Ich hab erst nur den rosa Träger gesehen weil wir ja auf dem Feld waren aber Nora war voll irre u hat trotz der Schweinekälte ihre Jacke ganz aufgemacht u den Pulli hochgezogen u mir den ganzen BH gezeigt (ich bin grad voll neidisch auf ihren Busen :D). Ja auf jeden Fall: Auf den Körbchen ist der Playboy-Hase drauf! Nja ich finds ja bisschen komisch als Weihnachtsgeschenk wenn man erst ein paar Wochen zusammen ist, oder? Nora findets jedenfalls total cool. Morgen will sie uns ihren Freund vorstellen. Ich bin echt gespannt wie ihr Neuer so ist :):)

Aber iwie bin ich jetzt gerade ziemlich down weil ich auch gern einen Freund hätte (und einen Busen :)). Nja mal sehen vllt klappts ja noch mit Chris im neuen Jahr! Jetzt wasche ich mir die Haare u probier mein neues Shampoo aus :):)

TIPP DES TAGES:
Schnee-Engel erst am Schluss des Spaziergangs machen. Nasse Jacken im Winter mitten auf dem Feld sind ziemlich eklig.
Eure Betty

BUSENWUNDER MONTAG, 26.12., 14:59

Ich hab Nora gefragt ob sie ne Idee hat ob man was machen kann damit man nen größeren Busen bekommt.
Ich hab zwar iwo gelesen dass die Größe genetisch festgelegt ist aber vllt gibts ja doch IRGENDWAS was man machen kann, Massage oder so. Und ich war gestern echt schon bisschen neidisch als ich Noras Busen gesehen hab, der hat genau die richtige Größe. Ja dann meinte Nora sie hätte früher öfter mal abends Essig auf die Brüste gerieben und mit Frischhaltefolie umwickelt, damits über Nacht einwirken kann. Das würde iwie die Durchblutung steigern und das Wachstum fördern. Find ich ziemlich seltsam, aber sie meinte ich könnte ja bei ihr sehen dass es gewirkt hat. Nja ich probiers nachher mal aus. Was macht man nicht alles *seufz*

23:17

Hab mir ne Flasche Essig aus dem Küchenschrank geholt. Wir haben verschiedene u ich hab mich für Balsamico entschieden weil der nicht so übel riecht wie die anderen und weil er bisschen zähflüssiger ist, das kann man besser einreiben. Ich finds ja schon widerlich aber wenns hilft …

23:30

Boah ich hoffe es wirkt wenigstens. Das Zeug klebt und stinkt wie die Hölle!!

0:09

Ich kann kaum einschlafen, echt. Das Zeug ist so WIDERLICH!!! Aber ich ziehs jetzt durch.

TIPP DES TAGES:
Tapfer sein, wenn ihr ungewöhnliche Methoden zum Busenwachstum ausprobiert.
Eure auf ein Busenwunder hoffende Betty

  UNWEIHNACHTLICHE RACHEGELÜSTE DIENSTAG, 27.12., 10:12

AAAAAAAAAAAAARGH!!!! Ich könnte Nora umbringen!!! Ich hab heut Morgen voll verschlafen am Frühstückstisch gesessen und iwann meinte mein Paps so: Was riecht denn hier so komisch? Nja ich wollte ihm natürlich nicht erzählen dass ich mir den Essig auf die Brust gerieben hab und bin dann ziemlich schnell nach einem Brötchen ins

Bad gegangen um mir dieses Essigzeug von der Brust zu waschen u dann kam Nora hinterher und hat voll gegrinst. Sie meinte so: HAHA, du glaubst einem auch echt alles!! Toll oder? Wenn man von seiner Schwester so mies reingelegt wird? Das gibt RACHE!!!!!!!

17:35

Jetzt ist das alte Jahr fast schon vorbei. Total komisch wie schnell das geht. Iwie kommt es mir so vor als wäre die Zeit weggeflogen. Tja aber wenn ich so zurückdenke ist schon viel passiert … Hier mein Resümee:

ICH BIN …
- ★ in die 8. Klasse gekommen
- ★ im Hip-Hop in die erste Reihe gekommen
- ★ in Bio und Latein von einer Drei auf eine Zwei gekommen
- ★ dafür in Mathe von einer Zwei auf eine Drei und in Physik von Drei auf Vier
- ★ im Sommer am Meer gewesen und in einen Seeigel getreten, der Fuß hat sich entzündet u ich durfte den ganzen Urlaub rumsitzen

ICH HABE …
- ★ angefangen Gitarre zu spielen
- ★ wieder mehr mit Feli unternommen – BFF!
- ★ mit Nora die Zimmer getauscht
- ★ mich zum ersten Mal für die Schule geschminkt
- ★ mich ein paarmal verknallt und jetzt richtig in Chris verliebt
- ★ ein Profil auf Facebook eingerichtet und meinen Blog angefangen :):)

Joa und bestimmt noch ein paar Sachen mehr die mir jetzt aber nicht einfallen. Ansonsten mache ich mir wie immer ziemlich viele Gedanken über alles Mögliche. Egal ob es solche Kleinigkeiten sind (welche Nagellackfarbe soll ich nehmen) oder iwelche weltbewegenden Dinge (warum sind Jungs in unserem Alter so bescheuert) … Manchmal glaub ich mein Kopf schwillt iwann vor lauter Denken noch an und ich schwebe wie an einem großen Ballon davon :D

Jedenfalls denke ich heute vor allem über das nach, was ich vorhin in den Nachrichten gesehen habe. Ich find es ganz schlimm, dass so viele furchtbare Sachen in der Welt passieren. In so vielen Ländern herrscht Krieg und die ganze Gewalt ist echt furchtbar. Vorhin haben sie in einem Bericht einen toten Jungen in einem Kriegsgebiet gezeigt und mir war richtig schlecht. Iwie machen mir viele Sachen ziemlich Angst zum Beispiel finde ich es unfassbar, dass so viele Jugendliche durchdrehen und auf Leute einprügeln und sowas. Und die ganzen Umweltkatastrophen, Überflutungen und Erdbeben und keine Ahnung was alles, das find ich auch voll erschreckend. Nja daran kann ich nichts ändern aber ich kann über mein eigenes Leben bestimmen und ich bin superfroh, dass ich jetzt 14 bin. Nächstes Jahr werde ich 15 … endlich! Im Sommer würde ich gern mit Caro wegfahren, aber ich glaub nicht dass meine Eltern mich lassen. Vllt wenn wir mit Caros Eltern fahren würden aber so wie es aussieht trennen die sich ja. Keine Ahnung ob Caro dann überhaupt wegfährt. Das find ich auch ganz schlimm mit Caros Eltern. Hoffentlich trennen sich meine Eltern nie, ich glaub ich würd das nicht aushalten. Mich dann entscheiden zu müssen bei wem ich leben will, das könnte ich nie im Leben. Nja vllt renkt sich das mit Caros Eltern nochmal ein, ich wünsch es ihr soooooooooo sehr!!

So das wars für heute, jetzt geh ich runter weil Nora gleich mit ihrem neuen Freund kommt u ich bin supergespannt!

> **TIPP DES TAGES:**
> Dankbar sein für das, was man hat.
> <3 Eure Betty

  UNDALLESISTANDERS MITTWOCH, 28.12, 15:24

Okay Leute, wenn man denkt jetzt klingt das alte Jahr so gemächlich aus und dann kommt das neue und alles wird anders, dann kommt auf einmal der Hammer. Ihr kommt nie drauf, was gestern passiert ist. Ich hab den Blogeintrag geschrieben u bin dann runter zum Essen. Nora hat meiner Mama geholfen den Tisch zu decken u war voll nervös weil ja ihr neuer Freund kommen sollte. Joa und dann klingelts und Nora rennt hektisch los. Ich denk mir nichts und auf einmal kommt sie mit ihm rein und ich denke ich sterbe!

Noras neuer Freund ist Chris! Mein Schwarm Chris, in den ich seit Wochen verknallt bin! Ich konnte in dem Moment gar nichts sagen, hab nur gedacht, dass das jetzt ja nicht sein kann. Tja und dann kommt Chris rein und auf mich zu und lächelt mich an, genau so, wie ichs mir immer ausgemalt hab, aber ich habe mir immer vorgestellt er sagt dann „Hi, wie gehts" und wir fangen an zu quatschen und am Schluss fragt er mich ob wir was unternehmen. Tja die Realität sieht anders aus. Chris lächelt und sagt so „Hallo, du bist Noras kleine Schwester, das hat mir Steve erzählt!" und lächelt mich an. Ich konnte keinen Ton sagen, hab kein Wort rausgekriegt. Wahrschlich ist es Chris gar nicht aufgefallen weil dann gleich meine Eltern kamen und Chris begrüßten.

Könnt ihr euch vorstellen wies mir ging? Ich war enttäuscht und traurig und wütend gleichzeitig. Die ganzen letzten Wochen waren so eine Zeitverschwendung! Ich hab echt gedacht viell wird das was und hab nur an ihn gedacht, und gerade letzte Woche hat er mich zum ersten Mal angelächelt und ich dachte, jetzt hat er mich endlich bemerkt. Und nein, nicht genug, dass er ne Freundin hat, nein, das ist ausgerechnet meine Schwester! Wahrscheinlich hängt Chris jetzt ständig bei uns rum und ich muss ihr Glück jeden Tag mitansehen!
Das Leben kann so unfair sein. Tja iwie gibt es immer wieder Überraschungen im Leben. Oh Mann, wahrscheinlich pennt Chris demnächst auch hier u ich lauf ihm dann auch noch morgens ungekämmt und ungewaschen im Flur über den Weg! Aber andererseits kanns mir ja egal sein, er ist ja mit meiner Schwester zusammen! Nja gleich kommt Feli vielleicht machen wir iwas zusammen und ich kann mich bisschen ablenken.

TIPP DES TAGES:
Hört sich das an als sollte ich euch heute einen Tipp geben? Gebt MIR mal nen Tipp was ich machen soll.
Eure deprimierte Betty

 WARUM TUT DAS SO WEH? DONNERSTAG, 29.12., 23:11

Mir gehts voll mies. Vor allem hab ich einen Horror davor, Chris hier zu Hause immer über den Weg zu laufen. Gerade das zu Hause ist doch eig sowas wie ein Schutzraum, wo man total relaxen kann und wie soll das jetzt gehen, wenn ich jedes Mal damit rechnen muss Chris zu begegnen? Tja das wird bestimmt ein tolles neues Jahr.

23:59

Kennt ihr das? Man träumt von jemandem, kriegt Schmetterlinge in den Bauch wenn man ihn sieht. Zuerst kriegt er gar nicht mit, dass man da ist und man überlegt ständig, wie man an ihn rankommen kann. Ständig vergleicht man sich mit anderen und versucht rauszufinden, auf was er steht. Man steht jeden Morgen früher auf um sich zu schminken, investierst das ganze Taschengeld in neue Klamotten und jede Nacht, bevor man einschläft, denkt man an ihn.
Tja und dann lächelt er einen zum ersten Mal an, scheint einen endlich zu bemerken. Da glaubt man im siebten Himmel zu sein. Und auf einmal passiert etwas, mit dem man nie gerechnet hätte. Die ganze Welt bricht zusammen. Alles ist von einer Sekunde auf die andere vorbei, als wäre es nie da gewesen. Die ganze Zeit, die man an ihn verschwendet hat, war umsonst. Man hat sich in allem getäuscht, in jedem seiner Blicke, nichts war so, wie man gehofft hatte.
Ich hätte nie gedacht, dass das so wehtun kann. Und dann habe ich auch noch ein schlechtes Gewissen, weil ich Nora im Moment nicht ertrage obwohl das alles nicht ihre Schuld ist.
Ich fühl mich grade so allein …

SCHNIEF

SADLONELY**BETTY**

 **SPRUCH** 00:49

Die Zeit heilt alle Wunden, sagt man.
Unsinn. Sie vergeht.

 TIPP DES TAGES:
Bilder von eurem Ex-Schwarm ausdrucken und
in 1000 Fetzen reißen.

FREITAG, 30.12. 13:52

BETTY: heute morgen bin ich ins bad gegangen und wer kommt mir auf dem flur entgegen?
CARO: lass mich raten … chris.
BETTY: genau. Ich war gerade aufgestanden u hatte ein altes t-shirt an und meine haare haben abgestanden als hätte ich mit dem finger in der steckdose gebohrt und er hatte nur ein handtuch um die hüften!!!
CARO: oh gott wie peinlich!!
BETTY: es war so schlimm, echt. und das schlimmste war, ihm war das völlig egal, er hat mich so angegrinst wie man eben die kleine schwester von seiner freundin angrinst toll, echt.
CARO: der ist genauso blöd wie alle anderen typen.

BETTY: die ganzen wochen waren so unnötig,
ich hab mir was weiß ich was für einen kopf gemacht
was er von mir denkt und ich war für ihn immer nur
ein kleines mädchen. fühl mich so scheiße.
CARO: jetzt hör aber auf du bist die tollste überhaupt.
meine abf macht niemand traurig schon gar nicht so
ein idiot!!
BETTY: du bist so süß ☺
CARO: sollen wir gleich in die stadt gehen, wegen
morgen? mein papa hat mir 200 euro zu weihnachten
geschenkt. mama war voll sauer weil das so übertrieben
ist. ich glaube er hat ein schlechtes gewissen u eigentlich
wollte ich das geld gar nicht nehmen aber andererseits
hilft das keinem u so kann ich wenigstens frustshoppen 😒😒
BETTY: das ist ja wohl total feige von ihm. kommst du
mich abholen?
CARO: ok bis gleich!
BETTY: ok!

  PÄRCHENALARM   FREITAG, 30.12., 14:30

Gehe gleich mit Caro in die Stadt für morgen shoppen. Ich hab eig
überhaupt keine Lust auf Silvester, wegen der Sache mit Chris und
Nora. Andererseits ist es immer noch besser mit Caro zu shoppen
als hier zu sein wo vllt gleich Nora und Chris auftauchen. Natürlich
müssen die jetzt auch jeden Tag zusammenhängen. Hat der Blödmann

kein eigenes Zuhause wo sie hingehen können? Nja und jetzt wo ich ihn von Nahem gesehen hab find ich dass er iwie ne ziemlich komische Nase hat. Ist mir vorher nie aufgefallen.

20:09

War mit Caro shoppen. Sie hat mir von ihrem Weihnachtsgeld ein paar Stulpen und ein Freundschaftsarmband gekauft! Das find ich so lieb von ihr. Caro ist echt meine ABF, für immer und ewig! I <3 you, Caro!! Jetzt freu ich mich doch auf Silvester. Caro, Feli, Ivo, Zwieback und ich treffen uns bei Feli, wird bestimmt gut. Und ich lasse mir von keinem Typen der Welt mein Leben versauen!!!

TIPP DES TAGES:
Mit der ABF shoppen gehen – hilft IMMER!
<3 Betty

GUTEN RUTSCH!

SAMSTAG, 31.12., 12:51

Habt Spaß heute Abend, egal was ihr macht! Hade u guten Rutsch!

FROHES NEUES JAHR

SONNTAG, 1.1., 19:01

Hi :):) Ich wünsche euch allen ein frohes, neues Jahr, in dem all das wahr wird, was ihr euch erträumt!
Mir gehts viel besser. Der Abend gestern war richtig gut. Wir waren ja bei Feli u zuerst haben wir Wahrheit oder Pflicht gespielt. Zwieback

hat fast immer Pflicht genommen, außer wenn Ivo ihn was gefragt hat. Bestimmt hatte er Angst Feli würde was wegen Caro fragen :):) Joa und einmal bei Pflicht musste ich alle vorstellen als würden sie bei Bauer sucht Frau mitmachen, das war super lustig. Ich war die ganze Zeit voll gut gelaunt trotz der Sache mit Chris. Tja dann hat er halt Pech gehabt. Es gibt auch noch andere Jungs und das hier wird mein Jahr!! Haha das ist auch beim Bleigießen rausgekommen! Mein Bleiklumpen sah aus wie ein Herz :):) Aus Ivos Bleiklumpen wurde was das aussah wie ein Busen :):) Ich fands total süß dass er das nicht gesagt hat, er ist sogar ein bisschen rot geworden. Nja um Mitternacht haben wir dann mit Felis Eltern angestoßen zwar logisch ohne Alkohol aber ist ja egal. Die hatten Besuch und haben uns den ganzen Abend nicht genervt was ich total cool fand. Joa war total schön mit meinen Leuten und Chris ist mir jetzt egal, wer nicht will hat schon gehabt und ich hab die besten Freunde der Welt!

Für das neue Jahr wünsche ich mir Frieden auf der ganzen Welt, dass keine Menschen mehr hungern müssen, dass Caros Eltern vielleicht doch zusammenbleiben und dass meine Familie und Freunde gesund bleiben! Das ist für mich das wichtigste auf der Welt.

TIPP DES TAGES:
Jungs kommen und gehen, aber Freunde bleiben!
Sagt eure Betty, wieder die Alte :)

  ### NEUES JAHR MONTAG, 2.1., 10:17

Komisch, dass man Vorsätze fürs neue Jahr fasst, weil sich ja eig gar nichts ändert außer dem Datum. Mein Geburtstag ist schon mehr als drei Monate her und ich hab von dem was ich mir vorgenommen hab noch nichts erreicht. Nja vllt klappt es ja besser wenn ichs mir auch nochmal fürs neue Jahr vornehme, doppelt hält besser :):)

MEINE VORSÄTZE FÜRS NEUE JAHR:

★ Freund haben
★ Beim Hip-Hop in der ersten Reihe bleiben
★ Mathenote verbessern
★ Überhaupt mehr für die Schule machen
★ Babyspeck verlieren
★ Mehr mit der Family machen
★ Mehr Gitarre spielen
★ Eig weniger Zeit am PC verbringen :):)
★ Trotzdem regelmäßig bloggen
★ Mehr mit meinen Freunden machen

TIPP DES TAGES:
Alles was im letzten Jahr schiefgelaufen ist auf einen Zettel schreiben und den verbrennen. Nur noch nach vorne schauen!
Eure Betty

   WUFF :P   DIENSTAG, 3.1., 19:44

Heute ist was total Abgefahrenes passiert: Ich hab einen eingeschneiten Hund gerettet. Ich war auf dem Weg zu Feli, da hab ich einen grauen Pudel gesehen. Er stand mitten auf der Straße im Schnee und zitterte, das arme Tier. Ich dachte also, rettest du mal den armen Hund, bloß wie? Nja der wird ja iwem hier in der Nähe gehören. Also hab ich an der erstbesten Tür geklingelt und die Frau hat gesagt, dass das der Hund von den Segmanns gegenüber ist. Es gab drei Klingelschilder und auf zweien stand Segmann. Ich hab ganz unten geklingelt. Die Oma die mir die Tür aufgemacht hat war total happy, dass Cindy, so hieß der Hund, wieder da war. Cindy ist wie eine Rakete an mir und der Oma vorbeigeschossen ins warme Haus. Die Oma wollte mir Geld geben als Dankeschön, aber das hab ich nicht genommen. Hab mich richtig gut gefühlt, wie voll die Heldin. Ohne mich wäre der Hund vielleicht erfroren! Dann war ich bei Feli und wir haben unsere neuen Handys programmiert und Bilder draufgemacht und sowas alles. Später bin ich durch den Schnee heimgelaufen und danach in die heiße Badewanne. Hab meinen neuen Badeschaum ausprobiert. Riecht superlecker. Fühl mich grade supergut.

TIPP DES TAGES:
Halb erfrorene, zitternde Hunde mit Schneemütze in ihr Zuhause zurückbringen. Jeden Tag eine gute Tat!
Empfiehlt
Eure ehrenamtlich tätige Hunderetterin Betty

WUFF WUFF :P   MITTWOCH, 4.1., 18:12

Den Tipp des Tages von gestern könnt ihr vergessen. Feli hat angerufen und sich halb totgelacht wegen meiner Hunderettaktion. Wie sich rausstellte, hat Miss Betty Peinlich wieder einen Auftritt gehabt! Oh nein und dabei hab ichs doch nur gut gemeint! Aaaaargh manchmal frag ich mich ob ich noch zu retten bin! Also es war so: Felis Mutter hat gestern Abend, als ich schon wieder weg war, einen Mann in ihrer Straße gesehen, der die ganze Zeit mit einer Leine in der Hand durch den Schnee gelaufen ist und Cindy, Cindy gerufen hat. Schließlich hat er bei Felis Familie geklingelt und gefragt, ob sie einen kleinen grauen Pudel gesehen hätten. Feli erklärte ihm, dass ich den Pudel gefunden und in seinem Zuhause abgegeben hab. Da stellte sich raus, dass Cindy gar nicht ausgesperrt gewesen war, sondern mit ihrem Herrchen unterwegs war und frei rumlief! Und ich hab sie bei der Mutter des Herrchens abgegeben, die wiederum nicht wusste, dass ihr Sohn Cindy mitgenommen hatte!!! Der arme Kerl ist fast verzweifelt, weil er gedacht hat, sein Hund ist in der Kälte verschwunden und erfroren! Wahahhahahhahhhaa sowas kann mal wieder nur mir passieren! Zum Glück hats diesmal niemand außer Feli u ihrer Mutter mitgekriegt :):) Nja ich habs ja echt gut gemeint u dem Hund gehts gut das ist die Hauptsache) Aber manchmal verzweifle ich echt an mir.

22:13

So ein Hund hats gut. Nach dem sucht jeder und er hat keine Sorgen. Wenns ihm mies geht, kommt irgendwer und rettet ihn. Wer rettet mich? Wer hilft mir, wenn ich morgens vor dem Spiegel stehe und mich nicht ausstehen kann? Wer hilft mir gegen die Erwachsenen, die immer alles besser wissen und das auch ständig raushängen lassen? Manchmal würd ichs gern machen wie Cindy: einfach abhauen und alle winseln sehen. Aber weil niemand kommen und mich zurückbringen wird, bleib ich hier und tröste mich damit, dass ich irgendwann 18 bin.

TIPP DES TAGES:
Vor einer guten Tat vergewissern, dass es WIRKLICH eine gute Tat ist. Oder auch, genauer gesagt:
Frierende, zitternde Hunde ins RICHTIGE Zuhause zurückbringen!
Rät aus gegebenem Anlass
Eure Betty

HAHA
DONNERSTAG, 5.1., 14:10

Eben beim Mittagessen war Chris wieder da. Oh Mann die beiden nerven echt mit ihrem verliebten Getue. Er hat Nora mit ner Gabel Spaghetti gefüttert! Als ob sie nicht selber essen könnte! Nja Nora wars superpeinlich weil meine Eltern gesehen haben wie Chris sie füttert und sie hat ihn angestoßen damit er aufhört. Später hab ich Mama gesagt, sie soll Nora mal fragen, was Chris ihr zu Weihnachten geschenkt hat :D:D Voll fies, ich weiß. Pech.

TIPP DES TAGES:
Schadenfreude ist die beste Freude :D
Eure manchmal fiese Betty

DIE NÖLENDE NORA :D   FREITAG, 6.1., 15:02

Eben ist Nora in mein Zimmer geschossen und hat mich total angemacht weil sie Mama jetzt erzählen musste, dass Chris ihr den Playboy-Hasen-BH zu Weihnachten geschenkt hat u Mama das wohl nicht so toll findet. Das war Nora saupeinlich :D Tja ihr Pech.

Habe gerade in der *GirlsOnly* mein Jahreshoroskop gelesen. Ich habe ja am 23. September Geburtstag aber es kann auch der 24. sein. Ich bin nämlich genau um Mitternacht geboren. Im Krankenhaus haben sie dann damals den 23. als Geburtstag festgelegt. Nja jedfalls feiern wir deshalb auch immer am 23. aber das coole ist dass der 23.9. noch Jungfrau ist und der 24.9. schon Waage. Deshalb gucke ich beim Horoskop immer bei beiden Sternzeichen und such mir das aus was besser ist :D Und diesmal ist eindeutig Waage besser:

LOVELIFE: Das kommende Jahr birgt einige Überraschungen! Du triffst viele süße Boys, aber welcher ist dein Traumboy? Deine Ausstrahlung ist unwiderstehlich und ein Junge verknallt sich unsterblich in dich. Spiel nicht mit seinen Gefühlen! Sonst bist am Ende du diejenige, die Tränen vergießt. Wenn du den richtigen Boy gefunden hast, kann dieses Jahr ein wundervolles werden. Aber in welche Richtung die Schale der Waage sich neigt, kannst nur du herausfinden.

FRIENDS: Es gibt Zoff in der Clique und man erwartet von dir, dass du Position beziehst. Mit deiner Waage-typischen Diplomatie schaffst du es aber, die Streits zu beenden. Vorsicht! Es könnte jemand versuchen, dein Vertrauen zu missbrauchen. Und vergiss nicht: Wer will, dass andere für ihn da sind, muss selbst auch für andere da sein!

LIFESTYLE: Nach einer kleinen Down-Phase geht es wieder aufwärts. Du bist ein Power-Girl und bleibst nicht lange trübsinnig. Du hast viele Hobbys und verbringst viel Zeit mit Chillen. Vergiss die Schule nicht! Zu viele Shoppingtouren belasten deinen Geldbeutel. Entweder du gehst vom Gas oder suchst dir einen Job.

Das klingt ja vielversprechend. Jedfalls bin ich froh dass ich nicht mehr ständig an Chris denke. Bin gespannt was mich in diesem Jahr so erwartet. Am Montag geht die Schule wieder los. Von mir aus könnten die Weihnachtsferien viel länger dauern … Nja aber dann ist auch wieder Hip-Hop-Training, darauf freu ich mich schon. So jetzt gehe ich mit Feli, Caro, Zwieback u Ivo eislaufen.

TIPP DES TAGES:
Wenn ihr wisst, um welche Uhrzeit ihr geboren seid, könnt ihr euren Aszendenten rausfinden. Dann habt ihr auch ein zweites Sternzeichen und könnt zwischen zwei Horoskopen wählen :)
Bis dann <3
Eure Sternendeuterin Betty

 **MYSTERIÖSER BRIEF** 20:25

Es ist was total Abgefahrenes passiert! Also ich war ja eben mit Caro Feli u Zwieback Eislaufen. Ivo war nicht dabei weil er sich erkältet hat und im Bett liegt. Nja also auf jeden Fall waren wir Eislaufen und ich komm zurück u will grad die Haustür aufschließen da seh ich nen Brief auf der Fußmatte liegen. Ich heb ihn auf und mein Name steht drauf. Ich war natürlich voll neugierig weil keine Briefmarke drauf war und kein Absender. Hab ihn dann gleich aufgemacht und das stand drin:

> Hi Betty,
> tja, manchmal sind Jungs schüchtern. Normalerweise bin ich das nicht, aber in dem Fall krieg ich den Mund nicht auf. Deshalb schreibe ich dir jetzt, was du unbedingt wissen solltest: Du bist für mich das tollste Mädchen der Welt.
> Lieben Gruß, dein ?

Ein Liebesbrief!! Ich war voll geplättet. Also eig ist es ja schon ganz cool so nen Brief zu bekommen :):) Und ja klar ist es total schön zu hören dass man für jd das tollste Mädchen der Welt ist … Die Schrift ist auf jeden Fall ne schöne Jungsschrift, keine Nerdschrift oder sowas. Nja aber wer weiß wer das ist und wie der Typ aussieht? Ich mein wenn er gut aussehen würde dann würde er mich doch ansprechen, oder? Nja vielleicht ist er aber auch tatsächlich einfach nur schüchtern oder so keine Ahnung. Jedfalls bin ich doch ziemlich neugierig. Das ist voll fies jetzt überleg ich die ganze Zeit rum wer dahinterstecken könnte!

20:50

Hab Caro angerufen. Die findet der Typ ist ein Feigling. Nja Caro findet ja im Moment alle Jungs total daneben.

 21:25

Jetzt hab ich mit Feli telefoniert. Die findet das voll romantisch u meint wir müssen auf jeden Fall rauskriegen wer dahinter steckt. Sie kommt morgen zu mir u wir überlegen zusammen. Bin so gespannt!

> **TIPP DES TAGES:**
> Immer das beste Horoskop raussuchen
> u weiter an die Liebe glauben :)
> <3 Eure Betty

  ### RÄTSELRATEN   SAMSTAG, 7.1., 19:05

Heute war Feli da und wir haben die ganze Zeit überlegt wer mir den Liebesbrief geschrieben haben könnte. Feli meinte wir sollten auf alle Fälle mal in unserer Schule anfangen und Schriftvergleiche machen. Nja ich glaub nicht dass es wer aus meiner Klasse ist (und hoffe es auch nicht!!!), aber man weiß ja nie, vllt einer aus ner Parallelklasse oder so … Jedfalls schadets ja nicht das rauszufinden. Außerdem wollen wir drauf achten ob mich jemand öfter mal anstarrt (wahahaha da muss ich wieder an George denken, den Nerd aus England!!). Jedfalls bin ich total neugierig und will unbedingt rauskriegen wer es ist!

Haha das muss ich euch auch noch erzählen: Heute hat Chris angerufen weil er Nora sprechen wollte und er hat nicht geschnallt dass ich am Apparat war. Chris sagte: „Na, Zuckerpuppe, was geeeeeeeeht?" :D Als ich gesagt hab dass ICH es bin war ihm das noch nicht mal peinlich und er sagte: „Na, Zuckerpuppenschwester, was geeeeeeeeeeeeht bei dir?" Oh Mann ich fass es nicht, dass ich in diesen Idioten mal verknallt war!! Nja zum Glück ist das jetzt vorbei :):)

TIPP DES TAGES:
So einem idiotischen Typen wie Chris nicht nachweinen. Gespannt sein, wer danach kommt!
<3 Bis dann
Eure Betty